图解日本终端服务

飲食店完全バイブル

服务的细节003

完全餐饮店

[日] 吉田文和 著　杨玉辉 译

東方出版社

图书在版编目（CIP）数据

完全餐饮店 /（日）吉田文和 著；杨玉辉 译. —北京：东方出版社，2011
（服务的细节）
ISBN 978-7-5060-4270-3

Ⅰ.①完…　Ⅱ.①吉… ②杨…　Ⅲ.①饮食业—商业经营　Ⅳ.①F719.3

中国版本图书馆 CIP 数据核字（2011）第 148375 号

完全餐饮店
（WANQUAN CANYINDIAN）

作　　者：［日］吉田文和
译　　者：杨玉辉
责任编辑：崔雁行　高琛倩
出　　版：东方出版社
发　　行：人民东方出版传媒有限公司
地　　址：北京市西城区北三环中路 6 号
邮　　编：100120
印　　刷：鑫艺佳利（天津）印刷有限公司
版　　次：2011 年 8 月第 1 版
印　　次：2021 年 9 月第 11 次印刷
开　　本：880 毫米×1230 毫米　1/32
印　　张：10
字　　数：122 千字
书　　号：ISBN　978-7-5060-4270-3
定　　价：32.00 元
发行电话：（010）85924663　85924644　85924641

目录

第二部　从开业到店铺的完善

前言

与餐饮店的经营者谈话时，我们经常会听到“希望了解○○的经营技巧”之类的话。

的确，餐饮店开业后，若想获得成功，掌握经营技巧十分重要。不过，如果仅仅在表面上模仿别人的技巧，而不能从根本上理解其基本的思考方式与基本原理，就无法获得成功。经营技巧不仅因店铺的不同而不同，而且会因地域、时代的变化而变化。

经营技巧是需要随着时代的变化而有意识地加以改变的。只有不断变化，才能在同类店铺的竞争中胜出并生存下来。要想创出技巧并灵活加以运用，从而经营出一个成功的餐饮店，就必须了解并掌握其基本原理与基本原则。

本书是将杂志《日经餐饮店》上连载长达三年的《创业开店全程指南》、《店铺改造、完善指南》、《实用自检课堂》等文章进行整理修订而成。 本书第一部分为大家介绍从开始创业到店铺开张这一过程中的基本原理与基本原则；第二部分为大家介绍开业之后，到培育出一个成功餐饮店这一过程中的基本原理与基本原则；第三部分为大家介绍餐饮店成熟后的发展目标。

第一部分内容主要针对希望从此创业开店的人士；第二部分内容针对已经开店一段时间的人士；第三部分内容针对想把餐饮店壮大的人士。 当然，读者朋友从哪一部分开始阅读都可以。 如果这本书能够为将要创业以及已经创业的人士提供帮助，能够为餐饮店的搞活经营提供参考，那么作者将感到十分荣幸。

此外，本书也可作为餐饮服务业的咨询教材来使用。 我本人从事餐饮服务咨询近 30 年，期间积累的相关知识被大量收录于本书之中。 本书意在打造一本长期适用的餐饮店参考图书，其中基本原理重于技巧，实用性大于趣味性。

作为本书的作者，我自认为已经全方位收录了餐饮店的所有相关问题。 然而毋庸讳言，本书的内容还远远谈不上深入。 不过，对于餐饮店的实际经营者来说，读者朋友们将会自然而然地了解到经营中的具体细节问题。 因此，在这种细节问题上，我希望得到读者朋友们的谅解。

日本餐饮界通常将生意红火的店铺称为“繁盛店”。但是，“繁盛店”一词在日语中似乎总给人一种暂时性的感觉，因此，本书称之为“成功店铺”。这里所说的“成功店铺”，是指采用不同方式灵活应对时代变化的店铺。灵活应对时代的变化绝非易事，不过只要掌握了其基本原理，就能应对任何的时代变化，始终保持优胜。希望读者朋友们以本书作为参考，努力打造出属于你的成功店铺！

最后，在本书的增订版与读者见面之际，谨向负责连载的各位记者朋友以及决定出版本增订版的《日经餐饮店》总编远山敏之先生、责任编辑大谷珠代女士，致以深深的谢意。

吉田文和

第一部分

从决定创业到店铺开张

第一章
决定创业
——你果真下定决心了吗

经营餐饮业是相当有风险的，因为内外装修工程费、厨具设备的购置费等开业所需的先期投资很大。表1－1是日本国民生活金融公库（日本的所谓“公库”，是指由政府全额出资的中小规模的政策性金融机构，即中小规模的政策性银行。——译者注）综合研究所对利用该公库融资进行创业的不同行业经营人员所做的平均投资额调查进行汇总，从中可以看出，与其他行业相比，餐饮业投资较大。

计划创业的读者朋友，通过此前的业务工作，想必你已经对餐饮业的严峻与艰难程度有了深刻的体会。尽管如此，在这里，我仍然希望你对“餐饮店经营不易”再多一分认识。

自称“希望有效利用土地”，或是“掌握了足够的烹调技术”之类的——因而决定创业的人似乎为数也很多。不过，根据我的经验，如果开店仅仅基于这种简单的理由，那么即便店铺开张，其失败的可能性也很大。还有，那种认为只要店铺开张，顾客就会纷至沓来的观点也是大错特错。一个餐饮店若要成功，即使各种条件都很优越，一般而言也至少需要6个月的时间。有的甚至需要3年以上。

要想在餐饮业独立门户，就必须做好心理准备：无论将来遇到任何困难，都要迎难而上，决不退缩。现在，请你再确认一下，你是否具有这种坚定的决心：“我喜欢餐饮业，因此无论多苦，我都要在餐饮业作出个样子给人看！”

下面，我们将对创业之前的筹备工作、思想准备等关键内容进行一下说明，如表1－1所示。

表1－1　不同行业新开业时所需平均开业资金

行业	平均金额
餐饮业	1 669 万日元
制造业	1 634 万日元
批发业	1 052 万日元
零售业	1 306 万日元
面向个人的服务业	2 530 万日元
面向企业的服务业	934 万日元
建筑业	813 万日元
运输业	770 万日元
其他	1 196 万日元

注：表中数据来源于日本国民生活金融公库综合研究所编写的《新开业白皮书》（2002年版）。

第一节　你是否适合从事餐饮业

——热爱美食是从事餐饮业的首要前提条件

决定创业之际，你应该确认一下自己是否适合从事餐饮业，这一点非常重要。

首先，你本人必须发自内心地喜欢饮食——这是首要的前提条件。在实际创业过程中，对餐饮业的发展趋势进行研究固然重要，然而最重要的还是要亲眼去看，亲耳去听，亲自用舌头去品尝，从而了解饮食的时代潮流以及周边店铺的竞争情况。这一点在你开店之际所提供的参考价值不可估量。将此视为苦差事的人，不适合从事餐饮业。

常有人说，单凭爱好做不好生意。诚然如此。不过，不喜欢就不可能做好，这也是事实。有了“喜欢美食”的感觉，就可能对相关技术的学习与掌握产生热情，从而将事业引向成功。

具有强烈的服务意识，喜欢与人相处，这也是从事餐饮业所需的重要因素。那些感觉“自己总是关心别人”的人，或许比较适合从事餐饮业。不计得失地照顾朋友，情不自禁地多管闲事，受人所托时无论自己多忙也难以说“不”的人，也适于从事这一行业。

爱干净、心思缜密的人也适合从事餐饮业。这是因为在餐饮店经营中，“保洁”是最重要的业务之一。并且，经营餐饮店是一种每天以 10 日元、100 日元为单位，踏踏实实地积累点滴利润的生意。稍有一点疏忽，就可能导致亏损。从这种意义上来说，粗心大意的人获得成功的可能性不大。

第二节　必要知识的掌握

——大堂或厨房的相关知识，你至少要掌握其中之一

决定创业开餐饮店的人，必须掌握餐饮业不可或缺的相关技术。这种技术大致可分为店铺的运营技术与管理（经营）技术，如表1－2、表1－3所示。

表1－2　经营者应该学习掌握的技术一

店铺的运营技术 **（应该培训员工的项目）** **• 厨房的运营技术** ①食材、调味料的相关知识及操作方法。 ②厨具、器物备品的相关知识及操作方法。 ③烹调技术。 ④清洁、消毒杀菌的相关知识及技术。 **• 大堂的运营技术** ①商品知识（尤其是酒类、饮料、甜点的相关知识）。 ②（收款机等）大堂所需器物备品的相关知识。 ③服务相关知识与技术。 ④投诉事件的处理技术。 ⑤清洁、消毒杀菌的相关知识及技术。

毋庸赘言，在开店之前掌握上述所有的技术，无疑

是最为理想的。最低限度，也要在大堂的运营技术与厨房的运营技术中，掌握其中的一种。

不过，作为店铺的经营者，你必须对服务的品质以及菜肴的质量作出最终的判断。因此，在大堂与厨房这两个领域，你必须具备最低限度的知识与技术，以保证对员工的工作作出适当的指示。这一点请读者朋友们一定要充分了解。

通过此前的工作，那些具有餐饮店工作经验的创业人员中，想必很多人已经掌握了餐饮业所需的某项技术。至于那些感到自己经验不足的人，请你们至少腾出一年的时间来进行实习，学习相关业务。

之所以对经验不足的人提出至少一年的实习要求，是因为餐饮店在旺季与淡季时的顾客上座率有所不同，全年确保一定数量的小时工等临时雇员也有一定难度。亲自体验餐饮店在一年时间内的这些变化情况，将对你的创业开店大有裨益。

表 1－3　经营者应该学习掌握的技术二

店铺的管理技术
（店长职务项目）

- **理念管理**
  这是指对店铺的“应有形象”进行维护与管理。其中的“理念”包括：客户理念、选址理念、店铺（硬件）理念、商品理念（价格理念）、员工理念、运营理念、经营理念等。
- **店铺设施的资产管理**
  这是指避免店铺设施及资产出现减少或损毁以及反过来添置资产的管理行为。包括小到一根牙签，大到整个店铺的维护和管理，当然也包括清洁工作。

（续表）

• **商品管理** 菜单的整体构成、食材的选定、食材的采购、库存管理、入库管理、烹调管理、价格管理、成本管理等。 • **员工管理（人事管理）** 临时工、小时工、正式员工等的招聘、面试、录用、培训、人员分配、生活指导、退休等所有的人事管理。 • **顾客管理** 这是指按照自己的意愿推动顾客行为发展的管理行为。包括从顾客进店到离店期间的应对接待以及制作顾客名册，进行促销等。服务、投诉处理等也包括在内。 • **商圈管理** 迅速收集有关商圈、店铺周边、道路、住宅小区、企业、地区内活动、竞争对手店等的变化情况，并采取相应的对策。 • **供货商管理** 与供货商之间的沟通与交流。包括每季度的供货价格交涉、供货形态、包装形态、交货次数的交涉、新食材、新器材的信息收集、对商圈管理项目的协助要求等。 • **运营管理** 时间管理。有计划地实施每天、每周、每旬、每月、每季度、每年度的正常运营。包括早餐、午餐时间的运营以及出现地震、火灾、停电、断水、大雨等特殊情况时的应对措施等。 • **销售额管理** 销售目标的设定及其完成情况，盈亏预算的制定及完成情况。包括销售额的分析、成本分析、人工开支分析、会计科目分析、结果判研以及下一步的对策等。

对于实习单位还没有着落的人来说，最简单的办法就是委托朋友或熟人加以介绍。熟人介绍有难度时，也可以请求当地的商会代为介绍。

实习工作时，最好一开始就将自己准备创业的想法直言相告对方。这样你才能在创业开店之际，从实习店铺的经营者那里得到各种建议。如果直言相告却遭到拒绝，那么就应该果断地放弃这家店，转而寻找其他可供实习的店。

实习工作期间，最重要的是要将所学到的一切知识用文字记载下来。不过，很多人却做不到这一点。用文字记载、积累下来的技术，最终会在本人开店之际，成为操作程序的制作基础。

实习期间，你要对人家给予的学习机会心存感恩，始终以学习的姿态进行工作。按理说，你是应该支付实习费的。不过想必你的经济现状多半没有那么宽裕，而且当真要求支付实习费的店家也很少。不过作为礼节，不要忘记在年节期间送上一份节日礼物以表示感谢。

第三节　恰当的辞职方式

——提前向公司表达自己的创业想法

对于那些一边在餐饮店工作，一边准备创业的人来说，他们应该尽早向该店表达自己的创业想法。一方面，突然辞职会给店铺带来麻烦；另一方面，如果提前向老板或者领导表明自己的创业想法，对方大多会热情相助，传授一些开餐饮店所需的相关知识。

谈到创业时，你应该堂堂正正地表明这是自己一生的梦想，是自己深思熟虑的结果。只不过与此同时，你还需要对自己的具体构想进行一定程度的说明。

假如你只是倾诉自己的“创业梦想”，就会给对方的判断造成困扰，结果不但弄不清你到底有几分认真，而且还会徒劳地为你担心。因此，你至少应该吐露一些具体的构想，比如什么时间、哪个行业、大致的投资额度、什么样的规模等等。反过来说，你需要对自己的开店构想进行深思熟虑后，再去谈论创业的话题。

还有，当你创业开店之际，与从前店铺同事之间的人脉关系，将会以各种形式发挥作用。比如，他们能帮你介绍供货商等厂家信息。

即使从建立良好关系方面考虑，你也不能产生“反正迟早要辞职”的想法，绝对不可以对工作敷衍塞责。要知道，你的日常工作态度与行动，决定了领导是否会支持你。因此，大家一定要珍视自己在目前店铺中的人际关系，不要在辞职后留下尴尬与不快。

第四节　说服家人

——全力消除家人的不安情绪

不论决心如何坚定，你都有可能遭遇到来自妻子或丈夫，或者父母的反对。不仅在餐饮业，在任何行业的创业过程中，最令人感到振奋的莫过于得到家人的精神支持与资金协助。因此，征得家人的理解，也是创业之际必须攻克的一大难题。

根据我的经验，家人反对的理由大致有两个。其一是对准备创业者的能力、技术感到担心，简单说来，就是“你说要创业，你真的行吗？”另一个是对未来生活的担忧与不安，也就是“创业之后到底能不能维持生计？”

无论如何，当遭到家人反对时，必须首先询问家人究竟因为什么感到不安？然后再花时间详细加以说明，表明自己的决心，以征得家人的理解。

在做这些说明的同时，你还应该积极表达自己对餐饮业所怀有的憧憬与热情。要知道，不仅餐饮业，任何生意都不能保证一定会成功。如果你连自己的家人都无法说服，那只能说明你的创业热情还不够充足。

另外，家人对你的弱点十分了解，能够指出你自己尚未意识到的不足。虚心听取这种意见，努力改正自己的缺点——这些对于立志创业的人来说，可谓至关重要。

第二章

理念设计

——不靠直觉靠设计

下定决心准备创业后，首先必须确定“开什么样的店”。针对这个目的，我们需要从“业种”（行业种类）与“业态”（经营形态）两个方面分别进行考虑。

“业种”即行业种类，指的是“卖什么”。“业态”即经营形态，指的是“怎么卖”。举例说来，拉面店、牛排店等店铺种类是按照行业种类进行划分的，而快餐店、外卖店等则是按照经营形态进行划分的。也就是说，“选取什么样的行业种类，采用什么样的经营形态，才能使店铺生意兴隆？”——对这个问题的考虑，就是店铺的理念设计。

具有餐饮业工作经验的人在考虑这个问题时，想必会立足于自己此前做过的行业。然而，对于初涉餐饮业的人来说，很可能会对“究竟做哪样”而感到一筹莫展。无论你属于何种情况，在决定店铺理念时都要牢记：不要被一时的流行所左右。你应该对社会动态、潮流兴衰进行仔细的观察，然后再对该行业种类、经营形态在 5 年乃至 10 年后，能否继续通行于世作出判断。

凡事都需要以正确的理念为前提。只要选择了适应时代的行业种类与经营形态，你所开办的餐饮店就一定会生意兴隆。

第一节　决定行业种类

——没有做不成的业种,只有不完善的业态

首先，我们来确定行业种类。在餐饮店中，除了极个别的流行业种，没有哪个业种真正消失过。即使是那些貌似萧条的业种，其实很多情况下，也只不过是经营形态未能与时俱进而已。

例如，近来那种没有座位，只能站着吃的平价速食寿司店生意惨淡，然而回转寿司店、外卖寿司店等却生意兴隆。原有的咖啡店纷纷停业关张，一种站着喝的咖啡连锁店却骤然增多起来。由此可见，原则上说来，只要肯在经营形态方面下工夫，任何业种都能经营成功。

在具体选择的问题上，毋庸赘言，“选择自己最喜欢的业种”是基本原则。如果是自己喜欢的业种，那就不会对相关研究感到辛苦。即使遇到一些困难，也能振奋精神努力克服。与此相反，如果是自己不喜欢的业种，就可能弄不清生意兴隆的关键所在，遇到些许困难就会感到厌烦，甚至可能会想到放弃。

首先，我们进行一下业种与经营形态的研讨，如表2－1所示。

表2－1　业种与经营形态的研讨用表

经营形态	正餐时间人均消费	业种（　　）
A 宾馆饭店的主宴会厅型餐饮店	1万日元左右，或更高	
B 晚宴型餐饮店	5 000日元左右	
C 普通型餐饮店	3 000日元左右	
D 家庭聚餐型餐饮店	1 500日元左右	
E 快餐店型餐饮店	1 000日元以下	

注：在右侧最上面的一栏中填写你准备开店的业种。

然后，请考虑在A～E中选取哪个人均消费层次。例如，即便只是乌冬面店，经营形态E也分为“站着吃的乌冬面店”或普通乌冬面店，经营形态A也分为“乌冬面茶室”或“乌冬面怀石店”。

外行入门更要推荐“专营店”

不过，包括初次涉足餐饮业的人士在内，假如你并没有什么特别喜欢的业种，那么我推荐你考虑一下单一类别、多种菜品的专营店。

现在的消费者需求倾向于专营店。人们通常首先考虑吃什么，然后再考虑选择哪家店。

从另一方面来说，专营店能够在最大限度地缩减主要食材种类的同时，为顾客提供品种丰富的菜品。并且，其烹制方法也不会太过复杂。

特别是对初次涉足餐饮业的人来说，其烹饪技术想必尚不熟练。如果食材种类众多，烹饪方法复杂，操作就会非常混乱。总而言之，对于外行入门者来说，只要烹制方法简单，表面看似复杂的专营店其实正是合适的目标，如表2－2所示。

表2－2　不同烹饪方法的“单一类别、多种菜品的专营店”例示

- 『**煮**』
  拉面店、乌冬面店、荞麦面店、意大利面店……用面、汤、配料等的不同搭配烹制出多种商品。
- 『**炸**』
  炸猪排专营店……以猪肉为主要食材，通过夹、卷其他食材变换出不同的花样。
- 『**煎**』
  肉饼专营店……以肉末为主要食材，加入不同的酱料或其他食材，煎制出各种商品。
- 『**涮**』
  火锅专营店……食材多种多样，但由于是提供生的食材给客人自己涮煮，因此虽然烹制方法非常简单，但却能变化出不同的花样。

第二节　探讨经营形态

——希望什么样的顾客光临

确定了将要从事的业种之后，接下来就要集中精力探讨具体的经营形态，进行理念设计。 在理念设计的过程中，要全面考虑资金筹措的可能性、自己的经验等各方面条件，然后进行仔细斟酌。 下面 7 项内容是这一操作的重点，如图 2 –1 所示。

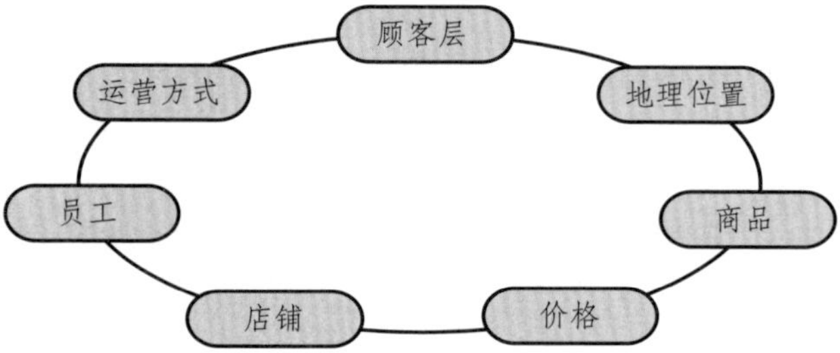

图 2 –1　这 7 项内容决定理念

目标顾客层

首先需要定位目标顾客的阶层。 在这种情况下，找准顾客的来店目的非常重要。 因为后面要讨论的内容均需根据这里定位的目标顾客阶层及其来店目的作出决定。 从这个意义上说，这个定位至关重要。 另外，目标顾客层的外出就餐经验与口味也需要调查清楚，因为这是定位烹饪水准的重要参考因素。

地理位置

现在请想象一下，目标顾客居住或聚集的地方在哪里？ 举例说来，如果面向的是上班族，那就是写字楼密集的办公区；如果面向的是家庭，那就是住宅区。 然后再进一步仔细斟酌：比如在写字楼密集的办公区，选取一个闹中取静的场所等。

其中可能会有这样一种情况，那就是开店场所已经确定。 在这种情况下，建议大家首先考虑地理位置的特点，然后根据这些特点，设定与之相符的目标顾客层及其就餐目的会更好一些。 无论如何，都不允许目标顾客与地理位置相矛盾的情况出现。

商品

确定了上述两项内容之后，我们需要在此基础上勾勒出菜肴口味、商品品质、商品数量、商品的搭配、餐具、菜谱等的大致轮廓。

价格

现在，我们来设定商品的价格以及顾客人均消费的水平等。 请参照目标顾客层与地理位置的定位，考虑一下何种价位的商品对顾客具有吸引力。 顾客人均消费水平越高，菜肴的味道、服务质量、就餐环境等就必须越好。 请根据自己所能提供的商品品质与服务水平作出判断，并进行价格定位。

店铺

接下来，请想象一下店铺的具体形象，考虑一下什么样的店铺为目标顾客层所喜爱以及商品的品质、人均消费水平是否合适等。请写下店铺的大小、外观、入口、店内座位、厨房陈列等所有要素。

无法用语言表达时，可以收集素描、照片、杂志的剪贴画等。由于实际施工需请装修公司来完成，因此请用易于理解的表达方式，将自己的设想正确地传达给第三方。

员工

餐饮店的支柱是人。你想和什么样的人一起工作？那就请事先勾勒出理想的人物形象。尽管实际上往往招不到自己想象的理想人选，但即便如此，也可将其作为培训员工的目标与指南。另外，你还要考虑什么样的员工适合你所定位的目标顾客层。举例来说，如果是面向儿童的店铺，就需要选择喜欢孩子的人，那么你就可以将有孩子的主妇，或者有过保育员经验的人作为候选人。

运营方式

现在，我们来探讨从顾客进店到离店的接待问题。考虑一下店员如何为顾客领位，接受就座的顾客点菜以及付款采用何种方式等问题。烹饪部门的人员配备、营业时间、固定休息日等问题也必须事先加以考虑。

将上述 7 项内容可进行下列实例分析，如表 2 – 3 所示。

表 2 – 3　简单的理念设计表

①目标顾客层：小学生。 来店目的：生日等纪念日聚餐。 在外就餐经验：无经验。 口味：基本上属于家常菜型。	①目标顾客层：退休的老年人。 来店目的：闲暇时间聊天、吃饭，招待孙辈。 在外就餐经验：丰富。 口味：避免摄入油腻的食物。
②地理位置：一般步行来店，因此选择学校或公交站附近。	②地理位置：住宅区的公园附近。
③商品：以汉堡包为主，果汁种类丰富。	③商品：低盐、软质食物，豆制品等。
④价格：从零用钱角度考虑，定位在 300 日元左右。	④价格：祖孙两人 1 000 日元左右。
⑤店铺：迪士尼乐园形象的游乐园型店铺。	⑤店铺：轻松悠闲、阳光充足的公园形象。祖孙两人并排而坐的长椅。
⑥员工：了解儿童心理的主妇、有保育员经历者、希望成为小学教师的大学生等。	⑥员工：会照顾孩子的主妇、有过护士经历者等。
⑦运营方式：营业时间为下午 3 点至晚上 8 点；暑假期间上午 8 点开始营业。采取自助服务形式。	⑦运营方式：营业时间为早 6 点至晚 8 点。提供全套就餐服务。

第三节　理念设计方面需要注意的问题

——资金筹措的可能性也在考虑之内

全面考察同类店铺

当推进理念设计之际，大家应该对市面上生意红火的相同业种、相同经营形态的店铺进行全面的考察，以作参考。考察内容应该涵盖上一节中的7项内容，尤其是“商品”之后的项目。针对这些项目对其他店铺所做的考察非常有助于自己想法的具体实施。此外，即便是不同业种，不同经营形态的店铺，很多情况下也能为自己开店提供一定的启发。

在与同类店的竞争方面，对其他店铺进行考察也是行之有效的。特别是在利用自有房产开店，地理条件已经确定的情况下，更需要充分研究附近餐饮店的经营状况。

如果附近存在着与自己的理念相似的店铺，为了在与该店的竞争中获胜，建议大家考虑一下增加何种举措才能凸显自己的不同。即使没有这种相似的店铺，也不能掉以轻心，因为这可能意味着你的开店理念与地理位置条件不相适应。这就要求大家重新审视地理位置条件与开店的理念，做到慎之又慎了。

重视平衡

你所设定的目标顾客层及其来店目的，在一定程度上决定了各个项目所需达到的水准。并且大致说来，各个项目必须全部达到一定的水准，同时还要保持平衡。

诚然，只要菜肴的价格或味道等具有某种突出的优势，就会成为卖点；然而只要其中任何一种达不到水准，就会产生很恶劣的影响。

因此在进行理念设计时，对于将要成为经营者的你，这里提出如下建议：首先，由你一人进行全盘考虑，然后征求专家人士的意见，取得各方面的平衡；其次，理念设计完成之后，要将其准确地传达给与建店相关的所有商家，以谋求意见的统一。

在店铺的建造、餐具的选择、制服的选购等方面，大家难免要与不同的商家进行协商。面对这些商家，即使是并非直接相关的项目内容，大家也要详细加以说明。因为让这些商家了解到“我想打造这样的店”，有助于店铺建造的各方面达到平衡。

立足于预算、技术等现实条件

无论店铺理念设计得如何完美，如果无法实现就没有任何意义。因此，建议大家根据自己现有的技术与预算条件，探讨可能实现的店铺理念。

例如，如果没有烹饪经验，一般而言很难开办价格较贵、人均消费水平较高的高级店铺。即使是聘用手艺高超的厨师，从人力成本方面考虑，我也不建议大家，特别是即将创业的人这样做。

从预算的角度考虑，大家应该意识到这样一点：如果没有筹措到足够的资金，很难一开始就开办大型店铺。从店铺的装修、房租等费用方面考虑，即使是30

坪（1 坪约 3.3 平方米，30 坪约为 100 平方米）左右的小型店铺，一般而言也要做好投入 3 000 万日元的心理准备，就算是压缩开支也需要至少 2 500 万。

当然，你也可以不局限于自有资金，考虑数倍于现有资金的预算。不过对于个人创业而言，还是将小型店铺作为起点，进行小型店铺的理念设计更为稳妥一些。店铺运营方面也是同理。

一读就懂

吉田氏　餐饮店成功法则

- 投资总额大致为年营业额的2/3
  每坪投资额大致为120万日元
- 营业额以每月每坪15万日元为基准
  争取达到20万日元
- 月均每坪营业额
  最低也要保证10万日元
- 营业额计划需制定三种——
  最大、平均、最小营业额
- 固定利润争取达到营业额的10%

第三章
创业计划的制定
——用具体数字说明你想打造什么样的店铺

所谓“创业计划的制定”，是指将前面理念设计所确定的店铺理念具体落实到数字上，并将其制成创业计划书的一系列工作。

创业计划书的页面构成如下（A4 纸张共 10 页）：

一、封面（标题《〇〇店创业计划书》、制作年月日、制作者姓名）。

二、开业的宗旨（开业的前因后果）。

三、自己的履历、工作经历（如有共同创业的伙伴，也要包括他们的名字与履历）。

四、店面用房的选址与租赁条件（房租、押金、物业费、租金增长率、签约年数等）。

五、理念（选址理念、顾客理念、店铺理念、商品理念等，具体的座位数）。

六、营业额计划（每坪月均营业额大致设定为15万日元）。

七、投资计划（以年度营业额的2/3为基准，最多等同于年度营业额，需列出大致明细）。

八、盈亏计划（月份盈亏计划书）。

九、还款计划（至贷款清偿完毕为止的每月还款计划）。

十、资料（店面用房资料、各种估价单）。

通过制定上述计划，你可以了解到自己头脑中所描绘的理想店铺要想作为一个企业在现实中生存，就必须实现的营业额与利润。另外，当你委托相关商家进行设计、装修等工作，向其阐述你对店铺的构想时，这份计划也不可或缺。

向金融机构或亲戚借款时，创业计划书也是一种很有说服力的材料。金融机构将创业计划书称为“事业计划书”。日本的金融公库等政策性金融机构那里备有简单的事业计划表格（B4纸张一页），供人们提出贷款申请时填写。不过仅填写表格并不能获批贷款，还必须提交详细的创业计划书（事业计划书）。

金融机构那里备有一般性店铺的营业额、投资金额等一览表，明显超出这一基准的创业计划书绝对无法通过审查，因此一定要注意这一点。制作创业计划书的时候，不要简单预测“大概能销售多少”，而是要本着“根据本店的这种情况，制定出这个销售额”的科学态度进行制作。也就是说，“为了实现该营业额而制定的科学方法”才是创业计划。另外，没有贷款担保人时，可将创业计划书提交给信用担保协会，这时这份计划书又可成为担保协会能够为你担保的决定性材料。

前面已经讲过，对于首次创业开餐馆的人来说，我一贯主张应该以 30 坪左右的小型店铺作为起点。之所以这样讲，除了大型店铺在食材与员工管理方面难度很大之外，金融机构可能以没有餐馆经营业绩为由，拒绝提供高额贷款也是原因之一。因此，建议初入此行的人不要好高骛远，还是根据自己的实际能力，选择适当的店铺规模。

第一节　详细了解开业所需的各项经费

——投资金额大致设定为每坪 120 万日元

首先设定目标营业额

对于绝大多数餐饮店来说，目标营业额都可设定在每月每坪 15 万日元左右（按照 2011 年 1 月汇率，即 100 日元约兑换 8 元人民币计算，大致相当于 3 600 元人民币/月·平方米。——译者注）。这称为月坪营业额。用这个营业额乘以店铺坪数，就得到目标月营业额。

例如，如果店铺面积为 30 坪，则其目标月营业额为 30 坪 ×15 万日元 =450 万日元，店铺面积为 60 坪，则其目标月营业额为 60 坪 ×15 万日元 =900 万日元。 我在这里再次重申：对如何达到这个营业额的科学思考，才是真正的创业计划。

根据目标月营业额计算出投资额

从理论上说，投资额应为该店年营业额的 2/3，最多相当于年营业额。 除非餐饮店相当高档，否则投资额不应超过年营业额。

也就是说，如果店铺面积为 30 坪，年营业额为月营业额 450 万日元 ×12 月 = 5 400 万日元，则投资额基本上为年营业额的 2/3，即 3 600 万日元。 这样算来，平均每坪投资额大致为 120 万日元。

当然，如果想提升店面与厨房的档次，就会需要更多的投资。 不过，这种投资若不能带来相应的营业额的增长，那么店铺作为企业就将难以为继。

根据店铺面积计算出就餐座位数

一般认为，就餐座位数大致应该为［店铺面积（坪数）×1.3］。 不过，如果你想打造一个宽敞舒适的就餐环境，那么座位数的基准则为［店铺面积（坪数）×1］，而热热闹闹的小酒馆则为［店铺面积（坪数）×1.5］。

也就是说，对于30坪的店铺来说，就餐座位在30～45之间较为妥当。至于其他店铺，请根据你自己设计的店铺理念，在此范围内进行设定。

不过，某些提供单一门类、单一品种的餐饮店，30坪的店铺面积也可以提供50个就餐座位。这是因为其菜品种类单一，能够将厨房做得很小。

停车场地的计算

这一点对于地处郊外的店铺尤为重要。在计算停车场地时，首先要将前面计算出的就餐座位划分为吧台座位与餐桌座位。然后，将吧台座位数与餐桌数相加，就可得出停车场必须容纳的最低车位数（日本餐馆内一般设有吧台，供单独来店的客人使用。——译者注）

例如，假如就餐座位总数为40个，其中吧台座位10个，2人桌5张，4人桌5张，那么［10个+5张+5张=20辆］，停车场则必须能容纳20辆车。如果留有一定的余地，那么每个车位平均占地7坪（23平方米），20个车位则需140坪（462平方米）的场地。这样算来，业务用地=停车场面积140坪+店铺面积30坪=170坪（561平方米）。在此基础上，再加上员工车位所需场地，就能得出最终的停车场用地面积。

这些数据就是物色店面用房时的参考基准。

第二节　营业额计划的制定

——根据必要的日营业额计算出顾客人均消费额

前面已经讲了营业额目标的设定，接下来将要讲述顾客人均消费水平的计算方式以及制定营业额计划时需要注意的问题。

顾客人均消费额的计算

我们先来计算营业天数。首先是平日与周六、周日以及节日的繁忙程度对比。在店铺位于郊外的情况下，假如平日的繁忙程度为1，则周六大致为1.5，周日或节日大致为2。据此进行换算，则每个月相当于36个平日。从这里扣除（店铺规定的）每个月4个固定休息日（平日），则剩下32个用平日换算的营业日。如果店铺位于繁忙程度不存在差别的商业街，且周日是店休日，那就不需换算，直接得出26个营业日。店铺必须在这些营业日中，完成每个月的营业额目标。

也就是说，如果店铺面积为30坪、月营业额目标为450万日元，在营业日以平日换算为32日的情况下，日均营业额即为450万日元÷32日=14万日元。

在顾客人均消费方面，存在着午餐时段与晚餐时段的构成比例问题。例如，咖啡厅或快餐店的人均消费，昼夜比为1∶1，普通餐饮店为1∶2，晚餐型餐饮店为1∶3以上。因此，日均营业额目标为14万日元的店铺，如果午餐时段与晚餐时段的比例为 1 ：2，则午、晚营业额目标分别为 4. 5 万日元与 9. 5 万日元。

接下来考虑座位周转率。请暂且将午、晚时段的座位周转率都设定为 1（即平均每个座位利用一次），然后分别计算出预计营业额。或许有人也会考虑降低顾客人均消费，希望借此提高座位周转率。不过在制定计划阶段，过高估算顾客的数量是很危险的。举例说来，一个面积 30 坪，40 个座位的店铺，午餐时段人均消费应为 4. 5 万日元 ÷ 40 座 = 1 125 日元，晚餐时段人均消费应为 9. 5 万日元 ÷ 40 座 = 2 250 日元。而如果营业时间只有晚餐时段，则人均消费即为 14 万日元 ÷ 40 座 = 3 500 日元。这个人均消费额与顾客数量将成为参照基准，用以决定商品与菜谱内容，实现月均营业额。

当然，由于店铺理念的不同，或许也有人希望提高人均消费，减少顾客数量；有人希望降低人均消费，增加顾客数量。不过，我们还是将座位周转率的基准设定为 1 进行思考吧。

餐饮店开业所需费用，如表 3 – 1 所示。

表 3 – 1　餐饮店开业所需费用

项　目	费用的大致标准（最低限度）	补　充
房产租赁费： 保证金、转让费、押金、礼金、地方合作费	不同的房产差别很大	

（续表）

项　目	费用的大致标准（最低限度）	补　充
设计、监理费、 政府申报费	装修工程费的5%～12% 平均为8%左右	大规模店铺为5%以上 小规模店铺为12%以下
装修工程费	每坪70万日元以上※	非豪华装修
厨房工程费： 设计费、厨具费	每坪15万日元以上※	不包括特殊机械与特别订制品
器物备品费： 餐具、制服、桌椅、现金出纳机、菜谱、照明器材费用等	每坪10万日元以上※	现金出纳机如果加装点菜系统，价格将会比较高。超过300万日元的不包括在此项内。
开业费： 促销费、招聘费、培训费、预备费等	每坪5万日元以上※	

※此处的"每坪"，是按店铺总面积进行计算的。

制定出最高、平均、最低三种营业额计划

在制定营业额计划时，一定要像表3－2那样，制定出最高、平均、最低三种计划。这种时候，每月每坪的最高营业额可设定为20万日元，最低营业额可设定为10万日元。

顺便讲一下，在构建整个店铺系统时，店铺功能与厨房系统的设计必须满足最高营业额（最大顾客数量）的要求。因为如果低估了顾客的数量，可能导致店铺功能不足，操作混乱。

另外，营业额按照最保守的估算，也要能偿还贷款——在向金融机构说明这个问题时，最低营业额必不

可少。与此同时，最低营业额还具有提醒自己的作用，那就是“无论如何都要确保实现这个营业额，否则企业就无法维持下去”。

表 3－2　营业额计划书示例（30 坪 40 座、30 个营业日的情况）

最低营业额（每月每坪营业额为 10 万日元）						
	人均消费	顾客数	4 人桌数	日营业额	月营业额	座位周转率
午餐时段营业额	1 250 日元	27 人	7 桌	3.3 万日元	100 万日元	0.7
晚餐时段营业额	2 500 日元	27 人	7 桌	6.6 万日元	200 万日元	0.7
合计		54 人	14 桌	10 万日元	300 万日元	1.4
平均营业额（每月每坪营业额为 15 万日元）						
	人均消费	顾客数	4 人桌数	日营业额	月营业额	座位周转率
午餐时段营业额	1 250 日元	40 人	10 桌	5 万日元	150 万日元	1
晚餐时段营业额	2 500 日元	40 人	10 桌	10 万日元	300 万日元	1
合计		80 人	20 桌	15 万日元	450 万日元	2
最高营业额（每月每坪营业额为 20 万日元）						
	人均消费	顾客数	4 人桌数	日营业额	月营业额	座位周转率
午餐时段营业额	1 250 日元	54 人	14 桌	6.7 万日元	200 万日元	1.4
晚餐时段营业额	2 500 日元	54 人	14 桌	13.3 万日元	400 万日元	1.4
合计		108 人	28 桌	20 万日元	600 万日元	2.8

第三节　制作损益计划表

——将固定利润设定为营业额的 10%

根据营业额目标计算出固定费用和可变费用

根据上一节计算出的营业额，若要获得利润，房租、人力费用等控制在多少较为妥当呢？ 为了正确把握这些支出，我们来制作损益计划表。

餐饮店的经费支出大致分为固定费用和可变费用。可变费用是指营业期间产生的费用，包括原材料费用、人力费用、水电费用、促销费用等。 这里对比一下原材料费用与人力费用：在高消费餐饮店，人力费用 > 原材料费用；而在快餐店，人力费用 < 原材料费用。 对于普通的餐饮店，我们在这里设定为原材料费用占比 33%、人力费用占比 22%，即原材料费用与人力费用合计占比 55%。 用人力费用所占比例乘以营业额，就可计算出具体人力费用。 我们必须在此范围内制定人员计划与工资水平，并建立一套能以这些人员完成营业额目标的操作制度。

固定费用是指无论营业与否都会产生的费用。 其中包括房租、折旧费用、贷款利息、器材租赁费用、特许经营费用等。 这些费用具有最初就已决定的性质，因此也称“初始条件”。

无论任何业种、任何经营形态，在制定创业计划时，我都将固定利润设定为营业额的 10%。 因此，可变费用与固定费用的总和只能是营业额的 90%。 其中，可变费用大致为 60% ~70%，固定费用大致为 20% ~30%。 例如，一个 30 坪的店铺，其营业额目标为每月 450 万日元，因此其固定费用的大致标准为 90 万～135 万日元。

固定费用中，毫无疑问也包括房租。房租的大致标准为营业额的 5%，至多不超过 8%。如果月营业额为 450 万日元，450 万日元 ×5% =22.5 万日元，那么最高为 450 万日元 ×8% =36 万日元。请根据这个大致标准进行房租谈判。

第四节　制定资金与还贷计划

——希望自有资金占 50%

积极利用官方融资

资金分为自由资金和借入资金。借入资金又可分为从父母、亲戚等个人那里借入的资金以及从银行等金融机构那里借入的资金两种。自有资金越多，经营就越轻松，因此我希望大家能自己准备 50% 的资金。并且这也是筹措剩余的开业资金的前提条件。

顺便讲一下，金融机构的融资具有下列三个条件：

一、你自身的人品、关于餐饮店的知识与技术（履历、工作经历、对餐饮店的热情、此前对金融机构的利用情况等）。

二、创业计划书。

三、担保（定期存款或房产等）。

要知道，对于初次开店的人来说，除非拥有足够的担保或抵押，否则要从银行贷款极为困难。因为你过去的业绩是一片空白，你是否具有经营能力也还完全是个未知数。所以对于银行来说，这意味着很高的风险。可能给这种人发放创业资金的，是政府出资的金融机构——日本国民生活金融公库（现已并入日本政策金融公库。——译者注）。

日本国民生活金融公库可用于餐饮店创业的融资内容请参见表3－3。虽然原则上规定“根据要求提供担保”，但实际上如果融资额在1 000万日元以下时，不需抵押或担保便发放贷款的情形也很多见。

不过，日本国民生活金融公库的融资也存在着难点。那就是申请融资时，需要提交已经确定将要购置或租赁房产的证明文件，如店面的临时合同等。因此，在物色到店面之前，不可能得到确切的融资保证。也正因为此，创业者需要尽量多地自筹资金，以保证在最坏的情况下，即使未能得到公库的融资，也能实现最低程度的创业。

自有资金不足时，也可以使用物品租赁这个办法。

这个办法也有好处，那就是租赁费中包含了利息及保险费等，并且在账目上还可以计入经费支出。

表 3－3　日本国民生活金融公库可用于餐饮店创业的融资制度

名称	生活卫生贷款（一般贷款）
融资对象	符合以下任一条件者：①资本金额或投资金额在 5 000 万日元以下（公司）；②日常从业人员为 100 人以下（公司或个人）
所需文件	推荐书申请表（在公库的分店等处申领） 借入申请书 卫生管理状况（在政府下设的生活卫生主管部门申领） 申报的设施以及设备的概要（估价单、相关图纸等） 商业登记簿副本（如系公司）
融资额（上限）	7 200 万日元以内
融资期间	13 年以内
（其中冻结期间）	（1 年以内）
利率	1.7%（融资期间为 10 年以内）
还贷方法	原则上使用等额本金法
保证人	原则上需要保证人、抵押担保或者信用担保协会的担保
抵押等	根据要求提供（融资额在 1 000 万日元以下时，不需担保便发放贷款的事例也很多）

表 3－4　还贷计划书示例（30 坪 40 座、30 个营业日的情况下）

借入金额	3 000	万日元
利　　率	3	%
还款期间	12	年
年还款额	250.0	万日元
月还款额	20.8	万日元

还款总额＝年还款额 250 万日元×12 年＋利息总额 540 万日元

（单位：万日元）

（续表）

年度	期初余额	年还款额	期末余额	年利息额	月利息额
第 1 年度	3 000. 0	250. 0	2 750. 0	86. 3	7. 2
第 2 年度	2 750. 0	250. 0	2 500. 0	78. 8	6. 6
第 3 年度	2 500. 0	250. 0	2 250. 0	71. 3	5. 9
第 4 年度	2 250. 0	250. 0	2 000. 0	63. 8	5. 3
第 5 年度	2 000. 0	250. 0	1 750. 0	56. 3	4. 7
第 6 年度	1 750. 0	250. 0	1 500. 0	48. 8	4. 1
第 7 年度	1 500. 0	250. 0	1 250. 0	41. 3	3. 4
第 8 年度	1 250. 0	250. 0	1 000. 0	33. 8	2. 8
第 9 年度	1 000. 0	250. 0	750. 0	26. 3	2. 2
第 10 年度	750. 0	250. 0	500. 0	18. 8	1. 6
第 11 年度	500. 0	250. 0	250. 0	11. 3	0. 9
第 12 年度	250. 0	250. 0	0. 0	3. 8	0. 3

根据税后利润制定还贷计划

最后是还贷计划。关于借入资金的偿还，按照税务规定，只能使用税后利润。因此，必须创造出足够的利润，以保证每月的还贷金额。

另外，每月可能偿还的最大还贷额，等于税后利润与折旧费的总和。不过虽然如此，在实际操作中，利润全部用于还贷的做法风险极大。因此，参照表 3－4 制定出还贷计划书后，请检查一下这个还贷计划是否会给店铺的经营造成负担。

一读就懂

吉田氏 餐饮店成功法则

可变费用应为营业额的65%
固定费用应为25%

设定座位周转率为1,
据此计算出顾客人均消费额

创业资金中
希望自有资金占50%

中小店铺也应设立『总部费』

区分闲暇时段的大致标准是
『营业额能否达到固定费用的4倍』

第四章

商铺的物色

——开店后很难变更经营场所

一般而言，餐饮店在多数地理位置都能经营。即使在远离车站、位置较偏的地方，由于房产购置费或房租较低，因此损益平衡点（收支平衡点）也能控制得很低。也就是说，在盈亏核算方面，地理位置的优劣在一定程度上会被抵消。

但是，如果选择的位置根本不适合你所设定的行业种类与经营形态，或者你对于地理条件缺乏足够的了解，不恰当地支付了过多的成本，那就是问题了。此外，对于不当的选址来说，即便经营方面的努力能够在一定程度上弥补地理位置的缺陷，但要克服其不利因素的影响也并非易事。

因此，尽管在什么样的位置都能经营，但毫无疑问，我们还是应该对地理位置的优劣作出准确的判断，尽可能找到占据地利的商铺。在设备投资不菲的餐饮店经营方面，一旦开店就很难变更经营场所，这一点请大家一定牢记。

我们知道，找出符合店铺理念的地理位置，是打造成功店铺的第一步。然而在实际操作中，这样的店面很难找到。这种情况下，建议大家也要根据地理位置，对店面、商品、运营等作出适当的改变。

大家可以置办土地自己建房，也可以请他人建房，然后自己租赁使用。不过对于没有这种资金实力的创业人员来说，租赁现成房产的做法较为多见。

第一节　商铺的物色方式

——关键在于地理位置、房屋本身、合同内容

寻找商铺时，重要的是要明确自己的选址理念，即“我想在这样的地方开店”。然后将其整理成文字，将自己的要求准确地传达给房屋中介，委托其代为物色自己想要的商铺。

如表4－1所示，物色商铺的途径有很多。究竟哪个途径能找到好的商铺不得而知，因此应该尽量广泛撒网。同时要表现出诚意，一有相关信息就马上作出反应。

表 4－1　寻找商铺的途径

• 房产中介

日本首都圈内有专门介绍商铺信息的房产杂志（如《店铺月刊》等），从中可以获知房产趋势、行情、专营商铺的房产中介等信息。但是，从全国范围来看，专营商铺的房产中介毕竟较少，因此瞄准目标地段，直接找当地的房产中介洽谈比较便捷。最近，房产中介信息的联网已经日趋完善，即使远处的中介也能掌握一定程度的房产信息。尽管如此，某些房产依然只有去当地才能发现，因此请大家务必不辞辛苦，多走访几家房产中介。

• 店铺设计与装修商

上述人员有可能了解一些尚未委托给中介的房产信息。当然，你很难对一个素不相识的人托付此任，那就委托你现在工作的这个店的相关人员、供货商、朋友、熟人、亲戚等牵线搭桥，代为介绍吧。不过，如果你是通过这个途径找到房子的，那就必须将店铺交给这个装修商进行装修。

• 银行等金融机构

由于融资等原因，金融机构那里也汇集了一些房产信息。在你瞄准的目标地段，如果你准备从中融资的金融机构在这里设有营业网点，那他们就可能为你提供一些尚未公开的房产信息。因此，请大家事先一定与金融机构进行协商。

• 自己亲自去找

这种方法就是亲自去街上查看，寻找空闲的铺面。因为有的铺面虽然空着，但却因某种原因未能委托给房产中介，而只是关着卷帘门搁置在那里。并且，亲自去街上走走，也能了解这条街的情况，不会令你白费力气。

地点要选在自家附近，最好车程 15 分钟能够到达。即使达不到这一要求，也要选择大致车程 30 分钟能够到达的圈内。因为餐饮业工作比较繁重，夜里往往要工作到很晚，所以工作场所临近住所较为理想。虽说顾客的积累在任何场所都很不易，但如果是自家附近，熟人可能会给予支持，因此可能具有一定的正面效果。再加上对当地情况比较了解，所以选址的判断也会相对简单一些。

如果在此范围内找不到符合自己理念的商铺，就只能扩大搜寻范围。只不过，这种情况下不能单凭想象（比如那种“既然这样，那就干脆去银座……”的想法），而是要到那条街上实际多走几次，对那里是否适合经营进行慎重的考虑。

在寻找商铺的过程中，也要听取信誉较好的店铺装修人员的建议。与经验丰富的店铺设计人员、装修人员等进行商谈，将对商铺用房的正确选择大有裨益。这些内容将在本书第五章进行详细讲述。

接下来，我们将从收集到的房产信息中进行选择了。选择的关键在于下列三点：地理位置条件（商圈人口、临街状况等）、房产本身的条件（面积、房型、设备等）、合同内容条件（特别约定、房东等）。请综合考虑这些条件与租金情况，然后再作出判断。

第二节　选择商铺

——对地理位置的确认

判断地理位置的优劣标准共有 4 点。

附近的目标顾客人群数量

首先对所在商圈的人口进行调查。地方公益组织那里备有男女比例、年龄阶层、学生数量、单位数量等统计数据，你可以据此查询出目标顾客人群的数量。此外，还要查看地图，分析该房产与目标顾客人群聚集地之间是否被河流、道路等阻隔开来。关键是房产位置是否在人口密集地区的10分钟车程内。

店铺门前汽车与行人的通过数量

如果你的店铺开在路边或者商业街上，那么即使不住在周边，顾客也会从店铺前经过，因此需要调查店铺门前行人与汽车的通过数量。请确认一下你的目标顾客人群到底有多少经过这里。如果你的店铺特点十分鲜明，能够吸引顾客特地前来，那就不必对通过数量太过在意。

醒目程度与入店的便利程度

接下来调查店铺的醒目程度。请到实地去走一走，试着开车经过一下。不过如果进店不便，再醒目也没有意义。目标顾客人群是开车人群时，尤其需要注意这一点。如果是“U”字形道路，店铺的选址要尽量位于道路外侧。

竞争对手店的情况

如果相同业种、业态的竞争对手很少，那自然是很理想的情形。不过需要注意的是，如果完全不存在同类竞争店，那就有可能意味着该地区不适合这种经营形态。周边适度存在一些不同业种的餐饮店——这种地点较为理想。因为只有一家店铺的地区缺乏招揽顾客的能力。

在此调查过程中，你还应该倾听该房产附近的餐饮店经营者的意见。要多去几次，沟通感情，然后坦率地告知开店的打算，询问该地区的情况。拜访的对象不应只限于生意兴隆的店铺，还应包括普通的店铺。不过要避免对相同业种店铺进行拜访，因为这可能招致对方的反感。

图 4-1　什么样的地理位置为最佳

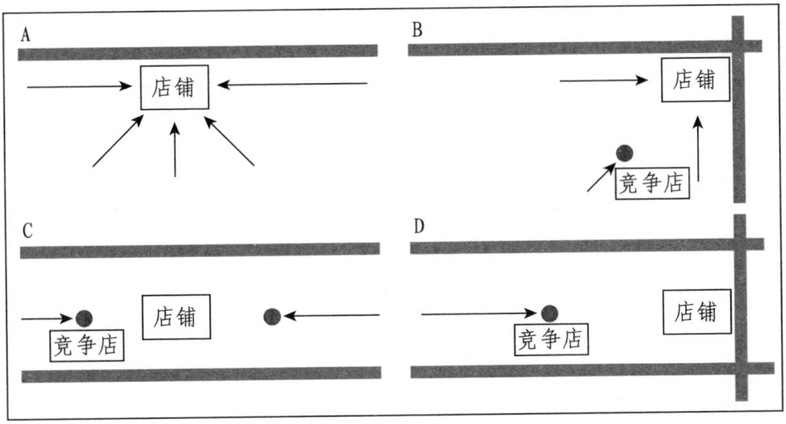

灰杠表示河流、铁路、干线道路，箭头表示顾客来店的方向。

理想的地理位置以没有灰杠为最佳。A 图店铺的商圈被灰杠所截断，因此只能招揽整个商圈 1/2 方向的客人。B 图店铺两个方向面临灰杠，因此只能招揽商圈 1/4 方向的顾客。C 图店铺夹在两条灰杠之间，只能招揽 2 个方向的客人。D 图店铺位于死胡同之内，只能招揽 1 个方向的客人。

要想生意兴隆，D 需要付出的努力最多。其次是 C，以下依次为 B、

A。如果选择了B、C、D这样的位置，即便在没有竞争对手时能够经营顺利，但随着时间的推移，一旦出现与之形成竞争的店铺，就难免会出现问题。这时竞争店的位置十分关键。上图中黑点表示竞争店，如果客流被竞争店拦截，就会成为店铺的致命伤，或许只能被迫改变业种、关店、或搬迁。考虑到将来可能出现的各种情况，若要店铺长久经营，就一定要避免D、C这样的位置。B位置最好也要避免。

表4－2　设定开车人群为目标顾客人群时需要确认的问题

<好的条件>

- 过往车辆的速度尽可能慢（时速40公里以下）
- 没有中央隔离带
- 停车场宽度允许车辆同时出入

<不好的条件>

- 处于坡路途中
- 信号灯附近
- 左弯路的左侧（日本规定左侧通行，因此除非开到店铺近前，否则驾驶员看不到这家店。——译者注）
- 两旁树木很大，树阴相连的街道
- 混乱的路口

第三节　选择商铺

——对房屋本身的检查

无论地理位置多么优越，如果房屋的面积、设备等一旦出现问题，你就会从租下来那天开始后悔。因此，建议大家一定要对以下三个方面进行确认。

层数、招牌

毫无疑问，1层是最好的，因此要尽量选择1层。

其次要确认招牌的位置。查看招牌可悬挂在哪个位置，该位置是否醒目等。尤其是1层以外的铺面，更要查看出入口、楼梯、电梯等处是否能张贴标志物。

面积、房型等

实际面积要通过精确的设计图进行确认，或者进行实际测量。这是因为标示的面积可能包括楼道等公摊部分。此外，你还应该咨询店铺装修专业人员，请他们看一下该房型能在多大程度上将你设想的店铺付诸实现。形状不规则的铺面能够打造独特的风格，但同样的面积所能设置的就餐座位相对较少，因此可能会对收益计划产生影响。

设备的状况

租赁房产的形态可谓多种多样。除了毛坯房，即没有进行过任何装修的房屋之外，还有原封不动保留着之前店铺的装修与设备的所谓“店铺出兑”的房屋等，如表4－3所示。在对设备与内装修的状况进行检查时，仅靠外行人很难应付，因此建议大家咨询店铺设计专业人员。

另外，即使是毛坯房，一般也在一定程度上备有电灯、煤气、供排水、空调等设备。请大家检查一下这些设备的容量与能力能否满足自己的使用要求。一旦需要对这些设备进行扩容，那笔另行支付的费用着实不菲。

表4－3　利用店铺出兑的物业开店

店铺出兑的物业分为两种情况：一种是交纳押金与保证金就可入住，另一种则还要求支付器材装修转让费。无论属于哪种情况，如果自己将要经营的业种与业态无法使用这些设备与室内装修，那反而需要额外支付拆卸费。因此这个问题也应该咨询店铺装修专业人员，了解这笔费用大致是多少。

当然，这样的物业不加任何改造就能使用的情形少之又少，一般都必须进行一定程度的重新装修，如更换招牌、对陈旧处进行修整等。这笔费用大致需要多少，也需要请装修专业人员作出评估。

如果是支付转让费购入这些设备，就必须首先明确买什么。同时一定要对各种器材设备的大致情况进行检查。如果厨房器材、空调设备等不能正常运转，那就只能买回一堆大件垃圾。厨房器材中也有租赁来的。建议大家一定要在进行确认之后，再对是否接手这些物品作出决定。

不过，如果对店铺几乎不加任何改造，就有可能在形象方面受到此前已经倒闭的店铺的恶劣影响。虽说能够省却一些装修费用，轻易接手这种物业却会成为日后辛苦的根源。因此对于店铺出兑的物业来说，你最好具有这样的心理准备：那就是为了该物业的地理位置，你要出钱购买，或者免费接受一些几乎无法使用的东西。

这些器材及装修的收购金额，应该根据该店铺接手后的营业额目标计算得出。例如，如果店铺面积为30坪，按照每坪月均营业额10万日元计算，则月营业额为300万日元，年营业额为300万日元×12个月＝3 600万日元。如果按照投资周转率最低为2计算，3 600万日元÷2＝1 800万日元，这就是最大投资额。

接下来再从这个最大投资额里减去更换招牌、追加厨房器具等重新装修的费用。例如，如果重新装修的费用总计800万日元，则从1 800万日元里减去800万日元，剩下的1 000万日元便是收购金额的上限。请大家一定要以低于这个上限的金额收购那些出兑的物品。

第四节　选择商铺

——对合同内容进行确认

对地理位置、房屋本身等进行确认之后，大家并不能就此掉以轻心，还必须对合同内容进行确认。

实际租金的计算

很多人认为，租金通常表示为“每坪（3.3 平方米）〇〇日元”，用这个数字乘以合同面积就是租金额。但在实际操作时，往往会加收各种名目的其他费用。因此在考虑租金问题时，必须将这些费用计算在内，然后用计算得出的“实际租金”进行比较，否则就没有意义。实际租金应该在名义租金的基础上，加上保证金的利息、共益费（大致相当于中国的物业管理费）等，再除以上一节中介绍过的实际面积。具体计算方法请参照表 4－4。此外，某些物业还要求支付空调费与垃圾排放费。由于这些均属固定支出，所以有可能对经营产生影响，因此建议大家一定要对实际负担额进行详细的计算。

表 4－4　实际租金的计算方法

[名义月租＋物业管理费＋保证金（押金）×资金筹措利率÷12＋保证金（押金）×折旧率÷签约月数＋一次性支付的费用（酬金、转让费、续约费等）÷签约月数]÷（1－公摊面积所占合同面积的比率）＝合同期间的实际月租

注：如果要更精确地了解支出，还需在计算租赁该物业的过程中所发生的固定经费总额时，加上房主根据租赁面积要求支付的空调费、垃圾排放费等。

对合同条款的确认

首先要确认租金从何时开始支付。是从签约时点算起？还是从开始施工算起？要知道这两者的费用存在着很大的差异。当然，你会要求尽量从晚一些的时间算起。装修工程的费用一般分为租户负担和房主负担两部分，这两者的范围也需进行确认。

通常，容易被忽略的是退房条件。虽说开店时往往只考虑玫瑰色的未来，但是也要为可能出现的经营不善做好打算。保证金在何时返还？自己是否拥有将自己所做的装修卖给房主，或者是下一个租户的权利？——这些都需要进行确认。尤其是租借店铺出兑的物业时，更要对“恢复原样”的退房要求进行确认，弄清究竟要求恢复到何种程度。

此外，合同中有时会写进一些特别约定的条款。要知道合同的内容各不相同，甚至可以说世上根本不存在两份内容完全相同的合同。因此，为了避免将来后悔，最好请律师详细确认一下其中是否含有不利于租户的条款。当然大家也可以利用地方公益组织的免费法律咨询。与地理位置等不同的是，这方面的问题具有与房主进行协商加以改善的余地。因此，如果有哪些条款令你感到担心，那就要求对方进行改善吧。

对房主的确认

对房主的确认包括两方面内容。其一是经济状况。

一旦房产主人破产，除了交付的保证金等无法返还之外，你还可能被要求退房。因此一定要检查土地及建筑物的证明文件，确认其是否抵押了高额贷款。

另一个需要确认的内容是房主能否长久相处。要知道，一旦开店就无法轻易挪动位置，而突然要求提高租金，或者频繁改变琐碎的租赁条件的房主也不乏其人。你可以从前面的租户、同一个楼里的其他店铺经营者以及房产中介那里了解该房主的声誉信息。

第五节　选择商铺

——商铺的选定

在商铺的选定方面，要综合考虑前面所讲的各个关键点的优劣以及租金等因素，然后再作出判断。在这里，我建议大家将名义租金大致设定为营业额目标的8%。例如，如果按照前面所讲述的那样，将每坪月均营业额目标设定为15万日元，那么寻找商铺的租金水准，大致不超过每坪1.2万日元。

但是，对东京都内来说，1.2万日元的标准可能无法找到条件较好的商铺。要知道，每坪月均营业额15万日元是日本全国范围的平均指标。如果要在东京都内某种程度的繁华街上开店，那么寻找商铺时，将每坪月均营业额目标设定为20万~25万日元，租金上限设定为每坪1.6万日元较为现实。

要知道，在此预算范围内，无论如何选择，都不太可能找到百分之百满足前述各种条件的商铺。照此下去，创业就可能遥遥无期。因此，我们必须给这些条件排好顺序，区分出无法让步的条件与可以放弃的条件。

经营计划绝对不能设定得过高，因此租金条件很难作出让步。其他条件孰重孰轻，需要根据业种、业态进行判断，不能一概而论。例如，如果准备开设一家“隐匿于住宅区的高级店铺”，那就应该重视周边的高收入人口数量、停车场的车位数量以及周边氛围等条件，而不必关注“店前道路的通行量”以及“店铺是否醒目”等问题。基本说来，如果某项条件是通过经营方面的努力与创意可以弥补的，就可以放弃；而如果是自己无论如何都无法解决的，就必须要重视。

第五章
店铺的建造与装修
——商家的选择决定成败

在进行前面讲述的商铺搜寻之际，应该同时着手店铺建造与装修的准备工作。店铺建造分为构思、设计（及监理）、施工等步骤。在这个过程中，首先是设计者的确定，其次是施工者的确定，最后是店铺完工，直至交付使用。这个过程需要花费多少时间？期间将会有什么样的工作？大家一定要正确把握这些问题。

一般而言，选定了商铺用房与设计方（或设计施工方）之后，大家将会就店铺开业之前的时间表与设计人员进行协商。这个时间表大致可参照图 5－1 所示的流程进行编制。其中店铺工程大致可分为建房工程（指单独兴建的独立商铺用房）、装修工程、设备工程（水电工程等）、厨房工程、招牌工程等。

在餐饮店开张之前的业务中，店铺的建造与装修堪称其中最重要的工作。因为店铺建造与装修的费用在开业投资额中占据了大半部分。

开业之后，菜谱本身及其构成即使发生问题，也能够比较容易地加以解决。但在店铺方面，即使你觉得不合心意，也是很难轻易更改的。正因为如此，选择设计、施工相关的商家时必须要慎重，与商家沟通时也要进行详细的说明，直至对方理解为止，以免日后懊悔。

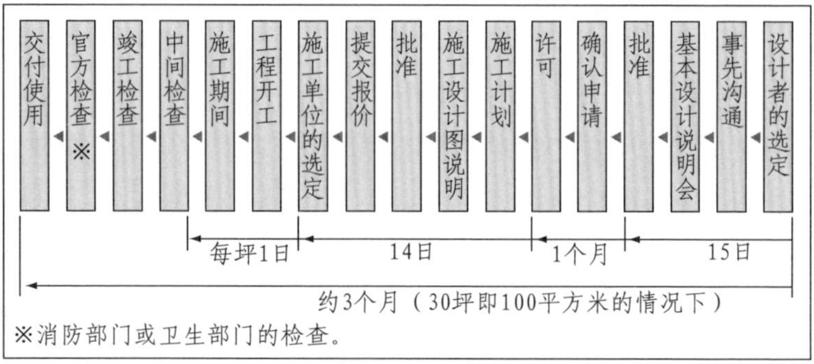

图5－1　店铺建造的基本流程与大致天数

第一节　设计与施工商的选择方法

——商家是否值得信赖，半途而废是自掘坟墓

餐饮店的店铺装修一般分为两种方式：一种是将设计、施工业务分别委派给不同专业公司完成的“分包方

式”；另一种则是将这些业务一并交付给整体承包商的“整包方式”。

很难说究竟应该选择哪种方式，不过，我建议尽量选择“分包方式”。因为如果选择“整包方式”，整体承包商实际上往往会将设计、施工等业务转包给其他施工单位或者设备工程公司，并且施工成本很可能全凭整体承包商决定。

如果在这方面选择“分包方式”，就可以请多个商家报价，然后在充分比较与研究的基础上，了解行情并作出选择。

不过，如果选择了“分包方式”，就必须自己充当协调员，周旋于设计人员与施工单位之间，协调各项工作的流程。因此，充分了解各项业务知识是不可或缺的条件。

因此，对于初次涉足餐饮业，并且选择“分包方式”的人来说，能否遇到“好的”，也就是热心提供咨询的创意设计人员与施工单位是至关重要的。那么，如何寻找这种能够为外行人士提供强有力支持的“好商家”呢？

熟人的介绍是第一步

首先，最理想的方法是通过自己所能想到的关系，如朋友、熟人等居中介绍。因为任何工作都是同样道理：如果有适当的人居中介绍，对方就无法胡乱敷衍。委托从前工作过的店铺的经营者代为介绍，也是非常有效的办法。

如果无论如何都很难找到介绍人，那么一般的做法是查阅专门介绍餐饮店经营或房产信息的专业杂志上的报道、广告等，或者通过电话簿进行寻找。

参考对方过去的业绩

无论通过何种方式进行寻找，都必须选择这样的商家：在餐饮店的设计与施工方面具备丰富的专业知识；精通餐饮店的运营体系及店内操作流程。关于这个问题，只要调查商家在餐饮店设计与施工方面的实际业绩，就可作出判断。

此外，大家还可以请商家为你介绍其实际经手的餐饮店，然后再去亲眼确认该店铺的建造与装修结果。与此同时，你还应该请他们为你介绍该店铺的店长，然后就店面设计的问题及使用情况进行详细咨询，如“这样装修会不会透风”、“是否便于打扫”等。

这时需要特别注意的问题是：不要以对方生意是否兴隆作为判断的基准。一个生意兴隆的店铺，是由地理位置、商品、服务、运营体系等各种要素组合而成的，店面终究不过是构成要素之一。因此，建议大家不要轻易下这样的结论：“这个商家打造过生意兴隆的店铺，因此就请他们进行装修吧。”

在寻找装修商的过程中要不辞辛苦

建议大家不要在最初就把目标限定为某个装修商，而是要尽量多接触一些商家。因为与多个商家进行接触，即便只是商谈，也能学习到很多东西。假如在寻找商家的过程中只图省事，日后难免会感到懊悔，觉得“当初再多找几个商家就好了”。

在最终决定是否聘用之际，“能否信赖”是至关重要的一点。作为店主，你要确认对方能否最大限度地采纳你的想法。例如，在决定聘用阶段，“你想打造什么样的店面呢？希望你能详细阐述一下”——具有这种姿态的设计人员，应该说是比较值得信赖的。

“开始就谈钱”的人不可靠

相反，“差的”商家可以通过以下几点进行辨别：张口就开始谈费用；拒绝介绍自己过去经手的作品；夸夸其谈地说什么“我所经手的店铺生意都很兴隆”等等。

第二节　基本设计图的查看方法

——正确阐述自己对店面的设想

确定了设计商之后，接下来将要进入店铺设计阶段了。 店铺的设计工作大致分为两种：一种是对店面的大概轮廓进行确认的“基本设计”；另一种则是按照实际施工要求绘制详细图纸的“施工设计”。 也就是说，创意设计师按照店主的要求绘制出效果图，施工设计师则按照施工要求绘制出施工图。

前面已经讲过，选择值得信赖的商家至关重要。 但是，“信赖”与“委托”并不相同。 在请设计师绘制效果图所进行的事前沟通中，一定要努力地将自己头脑中所描绘的店面形象准确地传达给设计师。

店铺装修中比较令人感到困扰的大概要数店铺设计的水准。 店铺水准基本上由理念决定，具体档次则随着人均消费水平的变化而变化。 即使业种相同，人均消费 1 000 日元的店铺与人均消费 10 000 日元的店铺，两者的店铺档次一定不同。 店内装修、餐具、命名、制服、服务等内容，也必须与人均消费水平相符。 首先应该多参观一些与自家店铺人均消费相同的店铺，对其设计水准进行考察。 然后，比照其中最好的店铺设计，设定一个略高于此的水准——这样的水准或许比较适宜。 要知道，作为一项竞争内容，店面设计可谓至关重要。 即使店面之外的一切内容都与竞争店处于同等水平，但只要店面本身的水准低于竞争店，就无法在竞争中获胜。 因此，去竞争店考察时，最好让设计师也一同前往，以确认设计的水准。

查看效果图或基本设计图时，不仅要对内部装修、颜色等创意性的内容进行审核，而且还要对所需的店铺功能是否完全具备、顾客或员工的动线（动线：建筑与室内设计的用语之一。意指人在室内室外移动的点，连合起来就成为动线。——译者注）是否有问题等进行审核。因此，你必须事先掌握关于店铺的功能以及动线等的最低限度的基础知识。

店铺的功能

餐饮店必须具备表5－1所列的各项功能。原则上说来，无论多小的店铺，这些功能都必不可少。但是小规模的店铺由于空间有限，因此需要想办法将多种功能合并到一个场所。

例如，将店长室、休息室、更衣室合并到一处，服务台与储藏室合并到一处等。请认真查看图纸，确认是否合理收录了这些功能。

表5－1　店铺所需的主要功能

• 停车场	• 电话、香烟自动销售机	• 储藏室（存放饮料等的场所）
• 自行车停放处	• 收款台	• 餐桌消耗品（桌上的调味料、餐巾纸等）
• 店铺的外观	• 服务台	• 出菜口
• 入口	• 单间、宴会厅	• 主厨房
• 玄关	• 椅子、餐桌、日式房间	
• 陈列柜		
• 客用卫生间		

（续表）

• 配菜台	• 更衣室	• 外接器械室
• 冰箱、冷库	• 候餐处	• 员工停车场
• 仓库	• 休息室	• 员工自行车场
• 洗碗池	• 员工卫生间	• 大厅、厨房的柜子等
• 冷热水、煤气、供电系统	• 后门	• 照明
	• 垃圾场	• 空调设备
• 店长室	• 液化气罐	• 背景音乐

厨房空间

厨房与就餐大厅所占空间的比例规则，坦率地说，就是厨房的空间要尽可能地做小，大厅的空间要尽可能地做大。但是，如果厨房的空间太小，不足以应对满座时的工作量，就会妨碍餐馆的运营。餐饮店往往有这样一种倾向，那就是无论如何都要优先保证就餐座位的布局。尽管如此，厨房是餐饮店的心脏这一点还请你不要忘记。

对于普通的餐饮店来说，厨房与就餐座位的空间比例一般为 1∶2。如果是 30 坪的店铺，厨房则占 10 坪左右，就餐座位占 20 坪左右。不过，如果是单一商品的餐饮店，这个比例则是 1∶3，即厨房面积占店铺面积的 1/4。此外，如果是具有快餐性质的店铺，厨房面积则占店铺面积的 1/2。在布局设计阶段，请先确定厨房的大小与位置，然后再考虑就餐座位。

人员配置与动线

下面，我们根据创业计划书制定的人力费用，设定你的店铺所需的员工数量，然后思考如何在图纸上具体标示店员的配置情况。这个过程中需要注意的是，绝对不能超出人力费用的总额限制。

对于一般的餐饮店来说，满座时的店员人数应为每10个就餐席位配置1名店员。20个席位则为2名店员，其中前堂招待1名，后厨人员1名。30个席位则为3名店员，其中前堂招待1名，后厨人员1名，另1名在前堂与后厨间轮流帮忙。这也就是说，如果就餐席位确定，那么店员人数也将随之确定。此外，从店员人数方面考虑，就餐席位以10为单位，效率较高。再说点题外话：如果顾客在一定的时间差内依次来店，则每名店员最多能应对20位顾客。当然，这需要经过培训……

接下来是动线问题。餐饮店主要有四个大的流程：①接受顾客点菜后，将订单下到后厨；②从出菜口处取出菜肴，将其送至餐桌；③就餐结束后收拾餐具并将其送至洗碗池；④店员去收款台。在图纸上设定这些流程，对餐桌的摆放位置、厨房的大致轮廓进行思考，避免店员在这些流程中绕路。

第三节　从施工设计到交付使用

——工程承包合同中是否含有不利条款

在施工设计阶段，设计方将会提交各种图纸。这时，你应该遵循与效果图同样的查看要点，由你本人对各种图纸进行最后的审核，如表 5－2 所示。然后，当施工单位最终确定之际，双方将会签订工程承包合同。这时需要注意的是，合同中是否含有对一方不利的条款。

例如，如果在竣工检查阶段发现施工差错，需要进行修补，而修补工程若是持续一段时间，错过了开业日期，就会产生额外的房租与人力费用。这种情况下，如果合同中没有明确规定竣工日期，或是没有写明工程延期所需支付的日均营业补偿款，就有可能由你来承担这些额外费用。为了避免出现这种情况，在对合同进行审核时，一定要仔细查看工程延期、维修等相关条款。

工程款的支付也是同样。一般而言，这一款项的支付通常分为 3 次，即签约、施工进行至中途以及交付使用的时候，每次支付总额的 1/3。最后的 1/3 工程款应该明确规定“在进行竣工检查，确认施工是否存在问题的基础上进行支付”。这样写明之后，施工方也将无法拖延修补工程。

施工期间，绝对不能完全放任施工方自行施工，而是应该尽可能去施工现场多看看。 这样做一方面是为了确认施工是否如期进行，另一方面也是为了尽早发现施工存在的问题。

例如，餐具柜子的位置与高度最好在安装时实地试一试。 施工中提出变更要求，固然可能会被追加一定的费用，然而施工结束之后，很可能将无法更改。

与施工方如何相处也是一个非常重要的问题。 去现场时，最好带些点心、饮料等食品送给施工人员。 这样他们就会感受到你对这个店铺的重视程度，想必也会更加积极地对待施工。

表 5－2　设计图的审核要点

过道	主要过道的宽度需能容纳顾客与店员交错而过。
店内亮度	店内亮度尽可能保证白天不使用照明。
餐桌的大小	必须足够摆放一定数量的菜肴。
餐桌的布局	餐桌的布局需保证店员不从就餐的客人背后经过，并且需考虑与邻座的间隔。
卫生间的位置、大小	备有符合目标顾客人群的设备，如给婴儿换尿布的台子等。位置需要选择在等候就餐的顾客不需经过就餐席就能到达的地方。
等待席	注意设置在就餐席位无法看到的地方。
厨房的橱柜	尽量多做橱柜，以保证收纳各种物品。
厨房的排气	必须保证厨房的温度、湿度不会过高。
阳光	安装百叶窗等，以遮挡外面射进的阳光。
所有空调	保证店内既不过冷，也不过热。不要忘记卫生间的空调。

（续表）

地面、墙壁、天棚等	尽量使用易于打扫的材料。
无障碍设计	根据目标顾客人群的情况，某些时候需要考虑到坐轮椅顾客的需求。注意过道与台阶的设置。
禁烟席	在当今时代，大型店铺需设禁烟席。请注意换气扇的设置位置。
厨房的地面	注意设置倾斜坡度，防止排水不畅。同时注意防滑设计。
插座	必须保证一定的高度，以避免清扫时溅上水滴。同时也要保证数量。
开关	开关要尽可能集中在一个位置。
防虫措施	入口附近的照明灯具需安装超声波等装置，以防止虫类聚集。
音箱	在玄关、卫生间等处播放背景音乐。
隔音	一定程度上消除顾客进店时的讲话声。厨房的声音也需设法防止外传。
停车场的划线	车位宽度需便于较大的车型停驻，为避免发生车辆剐蹭，车位划线最好使用双重线。
停车场的锁具	停车场在闭店后需设有围栏，以防止暴走族在此逗留。
照明	尽量使用易于更换的灯具，最好连灯泡也使用方便购买的型号。
行李架	餐桌下安装放置手袋等物品的行李箱。
地面的台阶	从设计方面考虑能增加情趣，但如果设置在暗处，就可能绊倒顾客。因此，要在台阶处增加照明或安装荧光灯。
防透风措施	会导致空调费用增加，因此需要进行检查。
防异味措施	日照或风向可能导致净化池或垃圾场的异味飘进店内，因此选址时应注意这一点。
防盗抢措施	安装最新式的门锁，注意保险箱、收银机的位置与设置方式，保险箱应埋设在地下。
停车场的照明	停车场的照明应尽可能明亮，并需考虑防盗措施。

第六章

厨房的建造方式

——力求操作的便利性

厨房是店铺的心脏，用汽车作比就是发动机，因此功率大、耐用、节能的类型较为理想。也就是说，厨房的设计应该这样：生意繁忙的时候也能充分发挥作用，耐用且操作便利，节约水电费，店员人手少时也能应对。此外，由于这是加工食物的场所，因此必须整洁卫生。同时，这里需要用火、用刀具，因此必须保证安全。

厨房计划必须与前面讲述的店铺计划以及下面将要讲述的菜谱计划同步进行。因为店面的修建不仅要考虑就餐席位，而且还要考虑厨房与就餐席位的配合，必须拟定整体的空间计划。

并且，在某种程度上，如果菜谱及其经营方式尚未确定，厨房设计就无法进行。因为不同的菜谱需要不同的设备，不同的经营方式决定了就餐席位的布局以及设备种类的不同。

厨房必须符合《营业设施基准》的规定，这样才能从保健所领到营业许可证。同时，还必须符合消防法的规定。如果你聘用的装修公司经验丰富，那他们就能为你修建出至少符合规定的厨房。但是，要想修建出真正便于使用的厨房，就必须从使用者的角度考虑，积极提出自己的建议，对细节之处加以改善。

第一节　设计与施工商的选择方法

——决定“整包”或是“分包”

一般而言，小规模的餐饮店多数选择“整包”方式，即由前面介绍过的店面设计与施工商一并负责厨房的修建。然而实际上，由于这种商家对厨房并不甚了解，因此他们大多将厨房的设计与施工转包给了别的商家。

转包的商家五花八门，最为常见的还是以购置厨房器械为前提，委托制造商负责厨房的修建。设计与施工的专业商也很多。无论你选择何种方式，都不能只约见店面设计与施工的商家，而是应该同样地直接约见厨房的专业商，不加保留地提出自己的希望与要求，并就细节部分进行协商。

在前面的店面装修中，我推荐选择设计与施工“分包”给不同的商家。同样道理，如果你的店铺具备一定的规模，我认为厨房装修也应该选择不同的商家。当然，分别选择不同的商家，并对其进行协调确实不易，但是经过多个商家的评估，不但可能降低费用，甚至很可能提高装修质量。

因此，选定店面设计与施工的商家时，就要同时明确如下问题：究竟将厨房交给同一个商家呢？还是选择其他的商家？

如果选择其他的商家，就要与店面施工商进行充分的协商，决定厨房的哪些部分由店面施工商负责。如管道铺设、喷漆、收尾工程等。

厨房设计专业人员也可聘请

如何寻找厨房专业商呢？你可以请熟人或者目前工作场所的店主、店铺设计施工商等代为介绍一些。接下来，请这些商家为你介绍其装修过的店铺（可能的话，最好与你准备开设的店铺规模相同），然后，再去该店的店主或者厨师那里探访一下，询问该商家是否能积极听取他们的意见，售后服务如何等。

此外，与某些专门从事店面设计的专业人士一样，社会上也存在着专门从事厨房设计的“厨房咨询人员”。聘请这种专业人员时，与整体聘请设计与施工商相比，设计费用可能会比较高。

不过，聘请专业设计人员也有可取之处，那就是他们能站在工程主办方的立场上，与施工的商家进行交涉。对于厨房面积较大，不同的设计方法存在着较大差距的大型店铺来说，完全可以考虑聘请专业设计人员。

最近，还有一种销售二手厨房器械的商家。如果选择这种商家，就可以将价格控制在市价的一半左右。与冰箱等电器相比，我尤其推荐在操作台、水槽等器材中选用二手物品。二手商家一般是对物品进行维修保养后再行销售的，可能的话，希望你尽量与其签订购入后的维修保养合同。

厨房面积的大致标准

人们往往认为，餐饮店的前堂应该尽量大，厨房则应尽量小。厨房做得小一些固然不错，然而一般而言，如果上菜时间超过15分钟，顾客就会感觉慢。因此，厨房需要具有满座时在15分钟之内上菜的加工能力（面积）。一般而言，厨房面积占店铺总面积的1/4～1/2，因此请暂将1/3作为大致标准。

第二节　决定厨房的类型

——首先决定“开放式”或“封闭式”

厨房的设计必须由店主本人思考决定。自己究竟想要什么样的厨房？这个厨房需要哪些功能？店主需要做的就是将自己的这些想法准确地传达给设计人员，并对对方提交的设计方案进行审核。

在店主需要传达的内容中，最重要的就是厨房与就餐大厅之间的关系，其次才是厨房内的设备与配置。就餐大厅的装修、餐桌的布局等项目即使在完工之后，仍有可能做一定程度的修改。然而厨房的位置以及厨房器械的布局由于燃气、供水、排水管道等原因，一旦装配之后就很难更改，因此在设计阶段一定要反复斟酌。

店铺理念决定厨房类型

厨房与就餐大厅的关系必须反映出你所设定的经营理念。因此，你必须向设计师说明自己究竟想要什么样的厨房，例如，希望打造轻松休闲的经营方式，或是想向顾客展示厨师的技艺等。

厨房大致可分为三种，即菜肴制作全程向顾客展示的开放式厨房、不向顾客展示的封闭式厨房、制作过程部分可见的中间类型厨房。

就餐座位以吧台式为主的小型店铺，如拉面店、寿司店、烧烤店等，大多采用开放式厨房。因为这种厨房具有一大优点，那就是一人可身兼厨师与招待两职。此外，这种厨房还具有能营造热烈的气氛、顾客感到轻松随意等优点，因此近来不断被各种经营形态的餐馆所采用。

不过，对于开放式厨房来说，清洁卫生极为重要，因此必须具有足够的心理准备。烹制全程一直处于顾客视线之内，对于店员来说也是相当有压力的。因此，还是将部分厨房遮挡在顾客的视线之外吧。

与顾客互不交错的动线较为理想

与大厅内店员操作的配合也是厨房设计的审查要点。厨房的出入口、出菜口、撤下餐具的堆放台等应该布局合理，尽量保证顾客出入的动线、店员上菜的动线、收拾餐桌撤餐具的动线等不发生重合。

第三节　厨房内部布局的确定

——按照操作顺序合理布局厨房器械

厨房必须具备表6－1所示的各种功能，因此必须在有限的空间内全部实现这些功能。并且，这些功能是否按操作顺序彼此相连，各种器械是否布局合理也是至关重要的，如图6－1所示。

下面我们将菜肴烹制之外的操作进行分解，以确认器械的布局是否合理。请查看待洗餐具存放台、洗碗池、器物保管的各功能区布局是否符合业务流程？再确认一下从食材搬运口到冷冻、冷藏食品保管库、常温保管库，再到配菜（烹饪前的食材准备）、烹制、商品的交接场所（出菜口）等，这一系列流程是否完整？

要想使上述布局合理高效，就必须打造一个兼有多种功能的空间。立体布局是打造这种空间的秘诀之一，因此在厨房设计审核中，请注意查看上下空间是否得到了有效的利用。

表6－1　厨房应包含的功能

①出菜口

制作完成的菜肴从厨房端出的场所，也是将顾客所点的菜单送至厨房的场所。这里需具有能将菜肴即刻装盘的功能，因此此处需备有便于取用的餐具以及顶板可作操作台使用的冷柜等。

②储藏室（柜）

收纳酒类、饮料、湿毛巾等餐厅服务用品的场所，其重要程度堪称酒水类厨房。有的是收纳杯具、冰镇啤酒的冰柜，有的上面还设置有操作台、水槽等，堪称独立的小厨房。

③洗碗池

放置、清洗使用过的餐具，并加以保管的场所。也可考虑引进洗碗机。这里必须确保充足的空间用以放置待洗的餐具，否则在洗碗池忙不过来时，恐怕难以收拾餐桌迎接顾客。

④主操作台

紧邻出菜口一侧，进行最后装盘工作的场所，由各种各样的器材构成。如果布局不合理，菜肴的制作就会花费较多的时间，或者必须投入较多的人力，因此必须仔细斟酌此处的布局。

⑤煮、炖、烤、炸等热源灶具

集中在主操作台旁边一侧，管道应集中在一处。

⑥配菜台

位于后门与主操作台之间，进行烹饪前食材准备工作的场所。小规模的店铺通常与主操作台合并在一起：空闲时段为配菜台，高峰时段为烹饪台。此处亦需斟酌布局，以保证高效利用。

⑦食材储藏功能

冰箱、冷柜以及干货仓库等储存食材的场所。冰箱、冷柜等可分别置于厨房之内。干货应集中到某一处储存。冰箱的种类多种多样，既有保存生鲜食材的低温高湿型，也有店员可以直接入内的冷库型。

⑧店后房间

此处并不具备厨房功能，而是用作后门、员工卫生间、休息室、更衣室等的空间。此外，还有垃圾场。

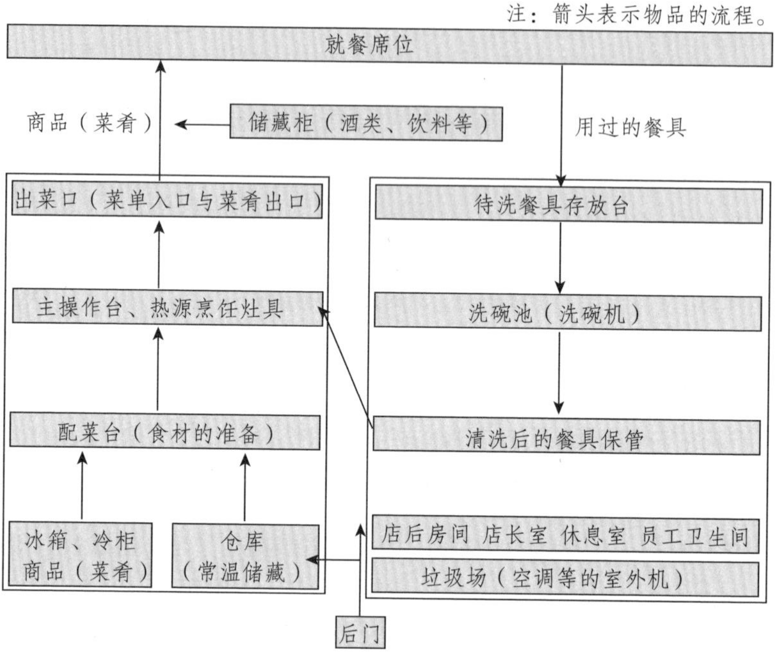

图6－1　厨房内各岗位的联结方式示例

厨房器械的选择方式

厨房器材分为特别订制品与制成品（商品目录上标明的尺寸）。当然，制成品价格便宜，因此可以先用制成品进行布局设计。制成品的规格不符，无论如何都无法使用时，再考虑使用订制品吧。

另外，厨房器械的各个厂家都可谓产品种类极其丰富，因此，要想了解相关情况，就应该亲自去看一看。东京、大阪等地举行的厨房器械展销会无疑是非常好的学习机会。

至于价格方面，在选择制成品的情况下，如果施工人员评估的价格是商品目录价格的65%～70%，那么该商家的产品价格大致可算作合理。

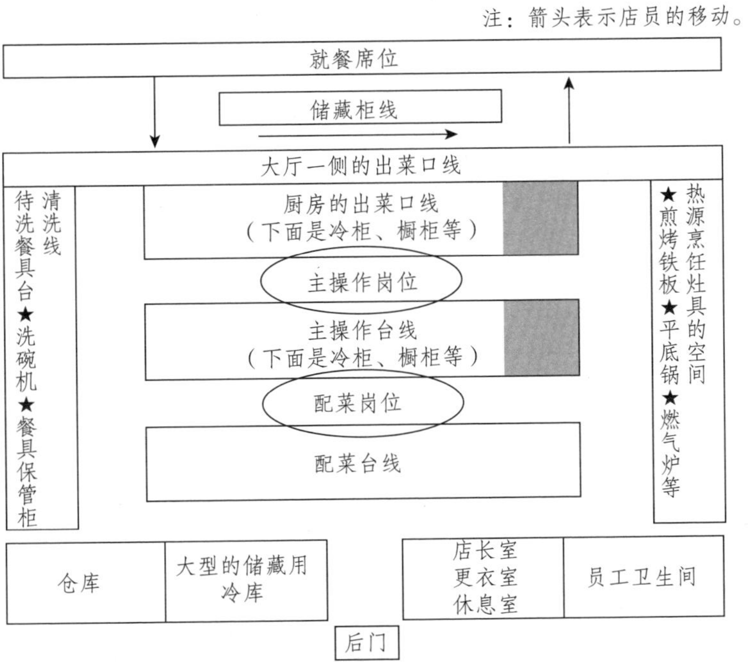

图6－2　厨房各功能区的布局模型

请从如下视角规划并审核厨房布局

①菜谱的确认

查看菜谱上的菜肴目录，根据1位顾客的菜量计算出1天所需的食材量，估算出食材的储存量。

②出库量的预测

估算一天的午、晚餐的销售量，然后据此判断所需准备的食材数量及其储存场所。

③配菜状态与最终烹制过程的确认

确认食材事先应加工至何种状态，以及最后的烹饪过程中所应使用的器械种类。

④厨师的人数与技术水平

究竟由正式的厨师进行烹制，还是由临时工或小时工进行烹制？不同的厨师所需要的烹饪器材大不相同。并且，不同的人数所需的厨房面积也不同。

⑤器物的确认

根据所需碗盘或器皿的种类与形状，决定其保管场所的大小及位置，以及待洗餐具存放台的具体情况。

怎样修建好用的厨房

①安装吊柜

收纳空间再多也不算多，很快就会装满了。

②水槽要设置在近身处

在各种操作中，经常需要水，或者需要洗手。因此最好多设置一些水槽，以便就近取用。

③多装一些插座

尤其在操作台略上方的位置。这个位置的插座利用率很高。

价格不菲的设备也需检查

修建厨房时，设备是不可遗忘的检查要点。例如，在供水方面，如果购置了洗碗机，那么建议安装2台热水器，其中1台专供洗碗机使用。在排水方面，是否便于清扫至关重要，包括排水管上安装的油脂阻隔器在内。电力方面需要经常检查容量。一旦容量不足，就必须追加额外的费用。电源除了家庭使用的单相交流电以外，还有三相交流电。业务上使用的冰箱、冷库等如果使用三相交流电，可以节省电费。此外，空调设备（包括大厅的空调）也需进行检查，以确认气流及温度管理是否有问题。还要注意外部管道的排气口周围是否脏污，是否散发异味等，以避免招致四周近邻的不满。

一读就懂

吉田氏　餐饮店成功法则

大厅与厨房人力费用的比率是1：1

月薪标准为
年龄×10万日元÷12个月

工作人数的大致标准为
高峰时段『每10个座位1名店员』

人力费率与原材料成本率
总计应控制在营业额55%之内

制服预算的大致标准为
每套1万~1.5万日元

第七章
商品计划的制定方式
——商品并非只是菜肴

餐饮店为顾客提供的“商品”中，包含有店面、店员、经营体系以及商品本身。要想打造一个成功的餐饮店，需要上述四者的合力，也就是用四者的合力掳获顾客的舌头和内心。然而，如果狭义地理解顾客直接支付购买的物品，说到底终究还是以食物与酒水饮料为核心。

正因为如此，我们必须在开业前精心制定好商品（菜谱）计划。不过，正如我们平时使用的“菜谱”一词包含有餐馆经营的单个菜肴的制作方式；餐馆提供的菜肴种类或清单；菜单表、册等多个含义一样，在制定菜谱时，不能孤立地看待每样菜肴，而是必须考虑到餐馆提供的所有菜肴的整体形象以及各种菜肴之间的平衡关系。

需要提醒大家注意的是，对于餐馆经营的所有菜肴整体形象的设定，具有与单个菜肴的制作方式同等，甚至更重要的意义。因此，在制定菜谱时，必须在整体考虑所有菜肴的种类、平衡以及如何向顾客展示的基础上，研究每种菜肴的内容与形式，否则就很难向顾客宣传自己的商品。下面将对商品计划制定过程中需要注意的问题进行说明。

第一节　商品理念的确定方法

——成本率不能一概而论

首先必须确定的是“商品理念”。前面已经讲过，在设计店铺的整体理念，也就是“你想打造什么样的店铺”时，首先需要确定的是你想建立什么样的顾客群。商品理念也是如此，你应该针对自己的目标顾客群，对价格等各种要素进行判研，如图 7－1 所示。

例如，即使将东京流行的菜肴原样照搬至地方的餐馆，不受当地人欢迎的情形也极为多见。如果用汽车作比喻，那就是无论高档车如何出色，想买微型车的顾客也不会购买。反之亦然。

决定菜肴的单价时，要对顾客的层次进行判断，思考什么样的价格比较合理。不过需要注意的是，菜肴并非只要价格便宜就好。即便是低价格，也要让顾客感到值得一吃，这一点非常重要。

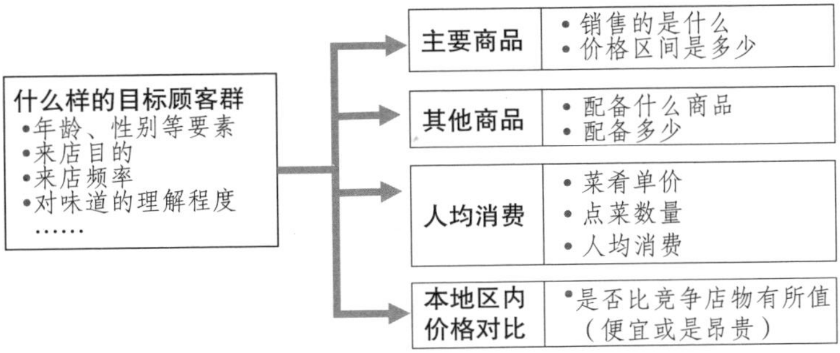

图7－1　商品理念设计中应该考虑的内容

提高成本率（即成本在销售价格中所占的比率）是一种让顾客感到物有所值的有效方式。然而从店铺经营方面考虑，成本率还应控制在销售总额30%～40%的范围之内。

但是，这终究不过是整体的平均水平。要知道，所有菜肴的成本率不能一概设定在某个数值之内（例如30%）。因为如果那样设定的话，一旦竞争店在同种商品，同样的价格区域内，将成本率设定为40%向你大举进攻时，从商品竞争力方面考虑，你显然败局已定。因此，菜肴的成本率应该灵活地设定在一定范围内。

表7－1是成本率与商品数量比例的大致基准。例如，即使只在沙拉一个领域，也可将成本率不同的商品，按照表7－1的比例进行配备。其大致比例是：成本率为40%的商品1种，30%的商品3种，20%的商品1种。

按照上述方式进行菜单组合，设定成本率的大致目标后，你可以让店员在顾客点菜之时，向其推荐店里希望销售的商品，争取每张点菜单上的成本率接近目标成本率。请记住，成本率的调整是通过菜单的组成方式以及店员的推销与宣传来实现的。

表7－1 成本率分配的大致标准与销售方式

成本率	商品数比例	概　要
40%	1	作为“超值品”，发挥吸引顾客来店的作用。可通过店外可见的促销手段进行宣传，如制成宣传牌或样品等。
35%	2	
30%	4	按照成本率目标设定的商品。
25%	2	作为“推荐品”，争取让顾客点餐食用。可在菜谱上特别标注，或者让店员向顾客进行推荐、宣传。
20%	1	

注：整体成本率设定为30%的情况下。

本书开头部分已经讲过：对于初次开店的人来说，拉面店、猪排店等“单一类别、多种菜肴的专营店”是比较合适的目标。即便是这样的专营店，所销售的菜肴属于同一个大类别，其菜单上的成本率也应拉开一定的差距。

从烹制方面考虑，提高成本率很容易做到。比较麻烦的其实是成本率较低的菜肴。如果不花费任何心思，只是简单烹制出压缩了成本的菜肴，那就无法得到顾客的好评。要想在控制成本的同时，烹制出顾客喜爱的菜肴，就必须努力钻研烹饪技术。

另外，关于餐饮店一般应该提供的菜肴数量，我的建议是：以就餐座位为基准，提供相同数量的菜肴种类，在此基础上，根据各家店铺的理念进行增减。如果是 10 个座位的店铺，则提供 10 种菜肴，如果是 30 个座位的店铺，则提供 30 种菜肴。 不过，如果是快餐店等以大量销售为前提的店铺，一般而言，其商品数目较此标准要少一些。

第二节 菜谱的制作与调整

——开店后运营状态的设定

接下来，我们开始思考开店后的菜肴烹制问题。 下面我将选取烹制方法、上菜时间、菜单的形式、每例菜的分量等四点进行说明。

烹制方法

近来，各种各样的冷冻食品、半成品等加工食材纷纷开发问世，很多餐饮店也广为利用。 与过去不同的是，现在半成品食材的加工水平提高了，味道也很不错。 那么我们应该在多大程度上利用这种加工过的食材呢？ 这个问题值得思考。

从效率方面考虑，加工食材非常便利，应该巧妙地加以利用。 但是，对于店里的主打菜肴来说，还是给顾客提供自家店里精心制作的手工菜肴吧。 否则的话，就会失去自己的特色，开业后人气日渐变差的情景现在就可想见。

选定店里将要推出的每种菜肴时，要将其烹制方法一一制成菜谱。 “有没有菜谱无所谓，只要自己会做就行了。”准备自己负责菜肴烹制的人或许会这样想。然而我认为，即使店里只有一名厨师，也必须制作记录有菜肴烹制方法的菜谱。

开店后，除了店里的日常事务之外，还会发生很多必须由经营者亲自作出判断的事情。在这种情况下，为了给自己留出余地，以便认真做好重要决策，这种事前可以准备的工作，比如记录菜谱等，无疑应该事先准备好。

这样选定菜肴之后，接下来，我们将要制作所需食材的相关图表，如表 7－2 所示。在各种菜肴的制作过程中灵活运用同样的食材，将会减少食材的浪费。如果某种食材只能用于一两种菜肴，那就应该考虑能否将其用于其他菜肴的制作。

表 7－2　食材相关图

商品名称＼食材名称	肉馅	虾	冷冻土豆饼	冷冻扇贝	切割鸡肉	牛肉	猪肉	生菜	西红柿	熏肉	圆白菜	鸡蛋
鸡蛋汉堡	○							○	○			○
炸虾汉堡	○	○						○	○			
凯撒沙拉								○	○	○	○	○
海鲜沙拉		○		○				○	○			
炸什锦		○	○	○							○	
鸡肉排					○						○	
猪排骨							○	○	○			
炸牛排						○	○	○	○			
			※		※	※	※			※		

※标记的食材：需要考虑开发使用这种食材的新菜肴，或者与其他菜肴合用这种食材。

上菜时间

我们经常看到这样一种情形：某些生意萧条的餐馆一味增加菜肴的种类，结果只是费工费时，导致上菜时间过长。要想在就餐高峰时段也能按时提供美味的菜肴，避免让客人久等，就必须考虑适度地控制菜肴的种数，而不是胡乱地增加这一数量。

与此同时，你还要考虑到顾客在店内逗留时间的重要性。

例如，在商务街附近工作的人吃午饭时，一般会在正午从公司出来，然后在下午 1 点前返回去。我们可以想象这些商务人士在这期间的行动类型：他们会到餐馆点菜、用餐，时间允许的话还会喝杯咖啡，然后回公司。要想争取这些商务人士的光顾，最重要的莫过于做好准备，以保证客人在这有限的时间内用好午餐。

午餐时间大致是这样：从公司来店需要 10 分钟，进店后直到上菜需要 10 分钟，用餐 20 分钟，餐后咖啡 10 分钟。因此，最好将这一时间内的上菜流程系统化。

当然，顾客的逗留时间因目标顾客群与就餐目的的不同而不同。如果你的目标顾客是管理阶层，其午餐时间可自由决定，那么即使多花一些时间，也要为顾客提供品质较高的菜肴，因为这能彰显你的店与其他店的不同之处。

顺便提一下，家庭聚餐型餐馆的顾客用餐时间一般为：来店需要 15 分钟，进店开始到上菜 15 分钟，用餐时间 30 分钟，饭后甜品或喝咖啡时间 20 分钟，回家 10 分钟，总计花费时间 1 小时 30 分钟。另外，如果是提供正式套宴的高档餐馆，则一般总计为 2 小时。

菜单的形式

向顾客提供菜肴目录的方式多种多样。除了常年通用的大菜单之外，还可以使用插页式菜单以及时令新菜宣传页等不定期推出的辅助菜单。

例如，这种不定期推出的辅助菜单可以在新菜肴的试销期间使用，以便为将来更换大菜单做好准备。并且，对于某些无法常年提供的季节性菜肴来说，这种菜单还具有强调时令性的效果。

再进一步，这种不定期推出的辅助菜单还可用于成本率与顾客人均消费的调整。要知道，如果仅靠大菜单进行调控，即使经营者想尽千方百计，成本率与人均消费这两个数值往往还是很难达到预期效果。

如果成本率低于预期，那么人们或许会认为这对于经营来说是件好事。但是，如果放任这种状态持续下去，久而久之，顾客就会感觉“那家店的菜肴不值那个价钱”。

因此，当大菜单上的成本率低于目标成本率时，就要增加时令菜品的成本；情况相反时，就要在时令菜单上添加成本率低的菜品，以保证成本率常年维持在一定的水平。顾客人均消费也是同理，请根据人均消费的实际情况，按照上述方式进行小幅调整。

每例菜的分量

除了运动员等特殊人群之外，一般而言，为满足身体需要，普通人每天大约吃掉相当于自己体重3%的食物。例如，如果某人体重为60公斤，则其每天所需的食物为：60公斤×3% =1.8公斤。按照早、午、晚一日三餐计算，则平均每餐为600克。如果早餐较为简单，按300克计算，则午餐、晚餐各为750克。

另外，人的胃容量也有不同。饭量较小的人为500克，男性一般为750克。考虑人均菜量时可参照这些数值。

如果是套餐，可将米饭、菜肴、沙拉等的总量大致设定为500~650克。怀石料理等高级店也是同理，你可以在设定总量的基础上，根据菜肴的例数决定每例菜的分量。

第三节　供货商的寻找方式

——最好请实习店铺的领导代为介绍

在寻找食材的供货商方面，最好的办法是请实习店铺的店主或者厨师长代为介绍。即使从供货商的角度考虑，这种方式也比自己开拓一个素不相识的新客户更有安全感。首次交易建议选择介绍人所介绍的指定供货商。如果想多比较几个商家并讨价还价，这里建议你还是待开店之后，自己有讨价还价余地的时候再说吧。

如果找不到介绍人，那么最简单的办法就是查电话簿。另外，也可考虑通过其他餐馆，尤其是不同业种的餐馆进行寻找。举个例子：假设你准备开一家炸猪排店，希望找到比较好的圆白菜供货商。如果从其他的炸猪排店难以打探到相关信息，不妨去圆白菜用量同样很大的铁板烧烤店，向店主说明情况后请其指教。

需要与供货商敲定的事项如下：食材本身、价格、每次订购的最低数量、订货方式（订货日期与到货日期的日期差）、送货次数、送货时间、账单发送与支付方式、能否退货等。

交易前一般通过样品挑选食材。请注意检查样品与实际货品是否一致。

直接从食材的生产者那里购买的价格会比较低——你可能会这样想。但实际上，为了保护供货商的利益，很多生产者并不接受与餐馆的直接交易。即使接受了直接交易，生产者大多也会从保护供货商的角度出发，最终给出的价格往往同供货商的相差无几。

第四节　菜谱的制作方式

——注重顾客阅读的便利性与通俗性

菜谱制作不当，往往会给营业额带来很大的影响。在这方面请注意如下几点。

商品的分类

在对菜谱进行版面设计时，可以采用两种不同的商品分类方式：食材分类法与制作方式分类法。

食材分类法就是“鱼类菜肴”、“蔬菜类菜肴”、“肉类菜肴”的分类方法。制作方式分类法就是将菜肴分为“油炸类”、“炖煮类”、“烧烤类”的分类方法。中国菜多采用食材分类法，日本菜则多采用制作方式分类法。没必要将二者进行统一，你可以采用任意一种分类方式，也可以将二者相结合。关键之处在于顾客阅读时，看是否方便。这里建议大家在菜谱上同时采用这两种分类方式。

接下来提醒大家注意的是，菜谱的页码应该按照价格从低到高的前后顺序进行排列。因为如果按相反的顺序进行排列，顾客翻看菜谱时，就会产生“翻找便宜菜”的印象。招牌菜等主打菜肴应置于每页的醒目位置，用放大图片，或者加注围栏的方式进行突出强调。

如果你的店以酒类经营为主，那就将酒类商品放在第一页；如果以用餐为主，那就将酒类目录放在最后一页。

菜谱的大小与形状

菜谱的大小应以 4 人餐桌的 1/4 为最大限度，也就是说，即使每人一册同时翻看，也不会互相之间造成妨碍。

形状以四方形为宜。 特殊形状的菜谱不仅制作费高昂，而且不耐用。

此外，还有菜谱页数的问题。 菜谱有一页显示到底的，也有两页对折的，还有像书本那样装订成册的，究竟该选择哪一种呢?

一般而言，菜谱只有一页或者两页对折，具有顾客点餐用时较短的优点。 但从外观来看，装订成册的显然奢华美观。 当然，菜谱的形式也取决于菜肴种类的多少。 尽管如此，对于以翻台率决定胜负的低价位餐馆而言，我建议还是选择一页或者两页对折型的菜谱，而高价位的餐馆则倾向于选择装订成册型的菜谱。

只用文字还是图文并茂

近来，顾客所掌握的菜肴相关知识已经相当丰富。从这个意义上讲，菜谱只采用文字介绍也无不可，没必要对图片过于执著。 但是，如果菜谱上配有图片，菜肴的内容就会一目了然。 因此，对于内容无从想象的商品，如“豪华套餐”、“清香套餐”之类以及店里希望宣传的拿手菜等，加配图片往往能收到较好的效果。请根据自己设定的目标顾客群，决定菜谱中的图片使用情况。

例如，如果你针对不熟悉法国菜的人群开设一家法国餐馆，菜谱中配有菜肴图片就会显得比较亲切。因为这种形式便于向顾客宣传店里经营的菜品，也有利于招揽顾客。与此相反，如果餐馆的目标顾客人群是熟悉法国菜者，那么以文字为主的菜谱就足够了。

在制作只有文字的菜谱时，对商品进行简单的说明会让顾客感到亲切一些。因为这样更便于顾客对菜肴内容进行想象。

表7-3　菜谱的种类及特点

菜谱的种类	说　明	备　注
大菜谱	载有常年经营的菜肴目录的菜谱	两年更换一次为宜
时令菜谱	根据春夏秋冬的季节变化，使用该季节的时令食材加工制作的菜肴目录	背后的真实目的是新菜试销、调整成本率及人均消费等，随季节更换
儿童菜谱	儿童专用菜谱	目的在于激起儿童的兴趣、便于选择
今日菜谱	用当天准备的食材加工制作的菜肴	多为手写的菜谱
午餐菜谱（每日轮换午餐菜谱）	午餐时段专用的菜谱	短时间内能够烹制完成的菜肴目录，价格因素也在考虑之内
桌面广告菜谱	一直放置在餐桌上的菜谱，多为甜品	在顾客用餐过程中激起其购买欲望
海报菜谱	将推荐商品或时令商品制成海报张贴在墙上的菜谱	张贴在每个方向都能看到的醒目位置，积极进行宣传

第八章

店员计划的制定方式

——从开业计划逆向推算出人员计划

现在，店铺理念与经营计划已经制定完毕，内外装修等硬件工程也已有了头绪。接下来需要召集工作人员。除了相当特殊的情况以外，餐馆的工作通常无法由一个人完成，一般而言必须要有其他员工与之合作。在归属服务业的餐馆，聘用什么样的员工在很大程度上决定着事业的成败。

无论店面装修得如何气派，如果员工素质低下，就仿佛画龙却未点睛一样，事业的失败也在所难免。员工的数量过多或是过少，餐馆的经营都将难以维持。因此，首先在经营计划的基础上制定合理的员工聘用计划，这是保证盈利的第一步。然后，进行合格的人才筛选并认真组织员工培训，这是打造生意兴隆的餐馆并保持长盛不衰的必要条件。

创业之初，很多经营者都要经历从被雇用者到雇主的身份转变。 建议大家将打工时感受到的经营者的成功之处作为自己学习的样本，将其失败之处作为反面教材，从而为员工们创造一个团结一致、共谋发展的工作环境。

第一节　员工人数的确定方法

——根据合理的人力成本率，计算出所需人数

在制定员工计划时，首先会遇到这样的棘手问题：应该聘用什么样的员工？ 应该聘用多少人？

店铺运营所需人数的大致标准为：高峰时段，包括厨房与大厅在内，每 10 个就餐座位对应 1 名店员。 也就是说，如果座位数为 20 个，那么厨房 1 人，大厅 1 人，总计 2 人。 如果座位数为 30 个，那么厨房 1 人，大厅 1 人，在厨房与大厅之间轮流帮忙 1 人，总计 3 人为宜。 不过，由于员工的实际工作日受到有关方面的制约，因此必须保证更多的人手。 员工分为正式工与临时工、小时工等。 正式员工数量以 1 人/月营业额 300 万日元的比例为宜。 也就是说，对于月营业额约为 500 万日元的小规模铺店来说，正式员工 2 人足矣。 至于另外所需的劳动力，一般可聘用临时工、小时工等（以下通

称“临时工”）。

如果厨房与大厅的负责人由经营者本人及其妻子担任，如此即为正式员工 2 人，则其他员工只要全部聘用临时工即可。临时工的人力成本是可变成本，因此可根据营业额等经营状况进行灵活调整。

与此相反，如果店铺规模较大，就不能只依靠临时工，而是应该适当录用正式员工。要知道，即使聘用临时工，解雇时也要受到法律上的很多限制，并且时间制约因素较多。因此，如果使用临时工，就必须在平时储备大量的临时人员，并且这些人需要较长的时间熟悉业务。从这个意义上来说，我建议餐馆还是应该在经营状况允许的范围内，尽量聘用、培养正式员工。

经营者的薪水也要计算在内

那么，如何确定员工的人数呢？我们可以根据人力成本率，推算出经营计划能够拨出的人力费用总额，然后进行分配。下面列举一个月营业额目标为 300 万日元的餐馆例子进行说明。

人力成本在营业额中所占比率通常为 20%～30%。如果我们选择中间值 25%，则该店每月人力费用大致为 75 万日元。虽然不同业种、不同经营形态的餐馆情况略有不同，但是餐饮店的运营原则一般是：大厅与厨房的人力费用比例为 1∶1。这也就是说，该餐馆的大厅人力费用与厨房人力费用各为 37.5 万日元。

在这个例子中，我们假定经营者本人掌管厨房，妻子掌管大厅，其余人手均安排临时工。下面我们按照正式员工为 2 人的情形制定工资。

正式员工的工资水平因地区、经验、技术水平的不同而有所不同。在这里，我们将年龄与能力的关系看作正比例关系，将 20～30 岁之间的月薪标准定为：年龄 × 10 万日元 ÷ 12 个月 = 月薪。也就是说，如果经营者及其妻子均为 30 岁，则两个人的月薪均为 30 岁 ×10 万日元 ÷12 个月 =25 万日元。

接下来，从厨房与大厅的人力经费中分别扣除 25 万日元，就可得到临时工的人力费用，即 37.5 万日元 −25 万日元 =12.5 万日元。用此数额除以你所设定的临时工时薪，即可算出每个月总计可支付的临时工小时数。为了便于计算，这里将交通费忽略不计，时薪定为 800 日元，则 12.5 万日元 ÷800 日元≈156 小时。假定该店常年营业，周六的营业额为平日的 1.5 倍，周日的营业额为平日的 2 倍，那么将 1 个月换算为平日可算作 36 日。这样算来，156 小时 ÷36≈4 小时，这就是厨房与大厅平日分别可以支付的临时工日均劳动时间。

也就是说，如果店铺规模为 30 坪 30 座，则工作人员总数需为 3 人，中午时段安排 1 名临时工在厨房与大厅之间轮流帮忙 4 小时，晚餐时段同样安排 1 名临时工工作4小时即可。如果店铺规模为40座，工作人员总数需为4人，则高峰时段，需在厨房安排1名2小时的临时工，大厅1名2小时的临时工；晚餐时段同样在厨房与大厅各安排1名2小时的临时工。

表8－1　工作时间表的简单示例①（30座、月营业额为300万日元的店铺）

	10点	11点	12点	1点	2点	3点	4点	5点	6点	7点	8点	9点	10点	11点	工作时间
丈夫						休	休								11小时
妻子						休	休								11小时
厨房临时工															
大厅临时工															
厨房·大厅兼职临时工															8小时
	2人	3人	3人	3人	3人			2人	3人	3人	3人	3人	2人		

表8－2　工作时间表的简单示例②（40座、月营业额为300万日元的店铺）

	10点	11点	12点	1点	2点	3点	4点	5点	6点	7点	8点	9点	10点	11点	工作时间
丈夫						休	休								11小时
妻子						休	休								11小时
厨房临时工A															4小时
大厅临时工B															4小时
厨房·大厅兼职临时工															
	2人	2人	4人	4人	2人			2人	2人	4人	4人	2人	2人		

根据临时工的劳动时间总和制作轮流表

下面，我们结合餐饮业的高峰时段进行临时工分配，制作工作时间表。 表 8－1、表 8－2 是最简单的示例。 两者的月营业额均为 300 万日元，表 8－1 为 30 个座位，表 8－2 为 40 个座位。 从这两个表可以看出，工作时间表必须根据营业额与就餐座位数进行制定。 纵向统计的人数表示该时段店里的工作人员总数。

分别统计每个时段的营业额，并据此确定人力费用与人员配置，进行每个时段的人力成本管理，是店长的重要任务之一。 这些内容我们将在后面进行详细阐述。

第二节　招聘方式

——关键在于事前计划，“总会有办法”不可行

店员的首次招聘时间以开业前 30 日左右为宜。 招聘时间与工资支付时间是两码事。 如果担心招聘不到合适的人员而过早地开始招聘，那招来的人员就可能因为间隔时间过长，转而去了其他的工作场所。 相反，如果临近开业才开始招聘，又可能给培训工作带来障碍，因此把握招聘的时机很重要。

招聘工作自开业前 30 日左右开始

如表 8－3 所示，招聘的方法很多，每种方法各有其

优缺点。例如，如果希望招聘年轻人，则选用专门刊登临时工招聘信息的杂志比较有效。但如果你想招聘的是家庭主妇，那这种杂志就不太起作用了。

表8－3 招聘方法

- 报纸夹带的独家宣传单。
- 报纸夹带的招聘信息宣传单。
- 招聘信息杂志。
- 社区杂志的招聘栏。
- 报纸的招聘广告。
- 车站等的招聘海报。
- 朋友介绍。
- 店前招聘广告牌。

除了店铺在商务街等周围没有住宅区的地点情况之外，我建议在开业招聘时，采用制作单独的宣传单，然后夹在报纸中在店铺周边投递的方法。虽然费用较其他方法高一些，但是这种招聘方法兼有开业广告的效果。并且，专业的招聘杂志登载有各种店铺的招聘广告，因此如果在这种杂志上发广告，看到消息的人就会与其他公司的招聘条件作比较。

宣传单可委托印刷店代为印制。不同的纸张与印刷方法之间所需费用差别很大，但是如果印刷数量超过 1 万张，那么每张的费用大致为 5～20 日元。这些宣传单需交给报纸销售点，委托其夹进报纸。一般而言，印刷店会替你安排好这些工作。

报纸销售点的广告夹带费用大致为每份 3～4 日元。如果你开的是临时工需求较多的家庭聚餐型餐馆，那么建议你在自行车可以通勤的范围内，即半径 2～3 公里的圈内投递 3～5 万份宣传单。即使店铺规模较小，也希望投递数能够达到 1 万份左右。

这种开业前 30 日左右开始的首次招聘，如果能够成功地招聘到所需人员自然很好；如果没有招到合适的人选，那么可以在开业前 20 日左右以及开业前 10 日左右再次发送宣传单。

不过，宣传单的内容需要有所改变。应该从最初的招聘店员逐渐过渡到开店通知，用色彩增强招揽顾客的效果，如图 8－1 所示。

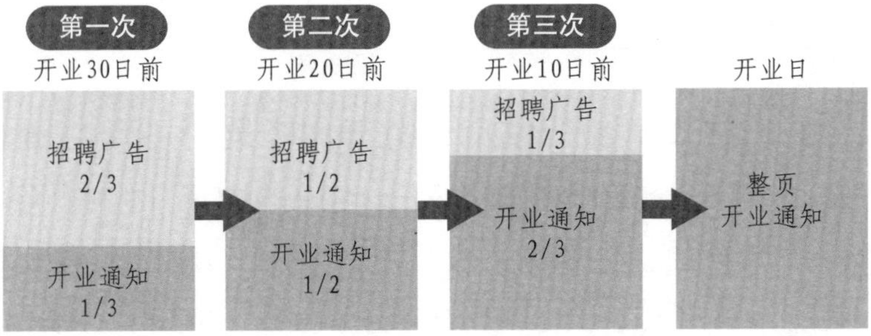

图 8－1　宣传单由招聘广告到开业广告的过渡方式

设法方便应聘者应聘

招聘宣传单中，请注意标明表 8 －4 所示的项目。为了说明这是一个易于工作的职场，建议同时强调如下内容：新开店铺的整洁美观，并且，为了让大家对你的店铺有所了解，还应附上相应的图片，营造友好的氛围。

此外，为了让大家便于应聘，建议明文规定可按个人情况灵活安排工作时间，年龄也请留有余地，表述为“……岁左右”。

表 8 －4　宣传单需标明的项目

- 店名（尽量附有店铺的外观照片或图片）。
- 预计开业日期。
- 招聘何种职务？是店长、正式员工，还是临时工或小时工？
- 职业种类（前厅、后厨等大致类别）。
- 工作时间。
- 工资、待遇（时薪、交通费、制服、工作餐等）。
- 店址。
- 预订面试日期与时间、面试地点（尽量附简单的地图）。
- 电话号码（应聘受理时间）。
- 负责人姓名。

无论开业前如何繁忙，对待应聘绝对不能马虎草率。如果在给应聘者留下第一印象的电话中应对不得体，就可能错过难得的优秀人才。因此，建议在确定了合适的面试地点，并且事先制定了面试时间表之后，再受理应聘电话。

第三节　面试方式与培训

——完美人选少之又少，人才要靠培训

面试时首先需要确认的是，应聘者是否按照约定的时间准时到场。迟到者如果有正当的理由并且及时与你取得过联系，倒也情有可原。但如果一个人没有时间观念，那么他日后难免会出现问题。

接下来，向对方的应聘表示感谢后，请按照表8－5所示的面试表那样开始提问。如果想就基本事项以外的问题进行提问，请事先认真考虑“该问题对于聘用与否的判断是否绝对必要”。此外，不要忘记的是：这种面试，其实也是应聘者对你的店铺以及你本人的面试。

表8－5　面试表

基本事项

- 住址、电话号码
- 出生年月日或年龄（如果设置年龄限制的话）
- 通勤路径（计算交通费、确认通勤时间等）……越近越好
- 可工作期间……越长越好
- 每周能够工作的天数……越多越好
- 每天能够工作的时间……越长越好
- 是否已经征得家人的同意
- 是否可能发生紧急休息的情况

提问示例

- 工作目的是什么
- 是否有餐饮店工作经验
- 是否有体力劳动经验
- 是否喜欢美食
- 能否与同事和睦相处

其他需确认的要点

- 清洁感（服装、态度）
- 动作（机敏程度）
- 说话方式

询问对方的工作目的

面试者尤其需要确认如下问题：应聘者能够工作的时间段、工作目的以及对收入的期望值等。通过询问应聘动机，能够判断出对方拥有多少工作热情。此外，面试者不能只是询问对方，而是应该同时介绍自己制定的新店理念与基本方针，观察对方是否认真倾听、是否理解等。

餐饮业对从业人员的要求是：干净利落、活泼开朗、精力旺盛。但是，请你一定要意识到：通常很少有应聘者能够满足所有的条件。关键是要在面试中发现这样的人选：那就是通过今后的培训，能够成为符合上述要求的人。换句话说，“看来这个人能和我愉快地配合完成工作”——带着这种观点进行选择就可以了。

你的最终目的是录用一个能够按照你的指示努力工作的人，因此，对你的店铺理念、工作态度、经营方针等加以介绍，询问对方是否赞同是决定是否予以录用的重点。

如果你觉得独自一人难以决断，也可以邀请其他餐饮店的经营者或店长等前辈一同参与面试，他们的意见将会非常具有参考价值。只是，最终必须由你本人作出决断。

面试后需注意的重要事项有两点：其一是考虑到未录用的人员也是潜在的顾客之一，因此应尽量给予礼貌的答复，一般应该在面试结束2～3日后，用书面形式通知对方；另外一点是，准备好注明劳动条件的“雇用通知书”，交给被录用的人员。

关于雇用期间，对于临时工，我建议设定7～10日的试用期，然后视工作情况再行决定。试用期的最后一天进行正式面试，此时将你发现的问题与提出的要求告知对方，得到对方的理解之后再决定是否录用。相反，对于不适合在店里工作的人，可以就此要求其离开。这样，你就可以只留下自己中意的人选。不过，你感觉对方不错，对方却不愿意留下的可能性也是存在的，因此，你必须随时注意自己的日常行动与思维方式。顺便说明一下，正式员工的试用期为3个月，期间每个月均应进行一次试用期面谈，然后在3个月后再决定是否正式录用。

向员工准确地传达店铺理念

员工的培训应该从简单的内容开始循序渐进，因此不必在最初就要求对方全盘掌握、设定较难的目标。但是，对于工作中需要掌握哪些内容，还是一开始就进行全面说明效果较好。

这些内容大致分为四类：礼仪常识（打招呼、遵守时间等）；商务常识（报表的做法、便条的写法等）；餐饮业基本常识（品质、服务、清洁等基础知识，食材相关知识）；关于店铺（店铺理念、服务特点、菜单等）。

对于上述需要员工掌握的内容，经营者必须首先自己理清脉络，否则便无法培训员工。其中，尤其需要重视的无疑当属礼仪常识、关于店铺两类。为何要开设这家店？你的店铺理念是什么？要在员工深刻理解上述问题的基础上，反复说明你对工作的要求与期待。

第四节　店铺组织机构的设置方式

——必须确定接待服务的负责人选

店内组织结构如图8－2所示。

店长（或经理）负责店铺的综合管理，其下分别设置大厅与厨房的负责人（经理）。负责人下面再设置一层助理（“大厅领班”、“厨师长”等）较为理想，协助管理大厅与厨房。当然，小规模的店铺无法设置这样的组织结构，那就请作为概念加以理解，努力提高职责分工的效率。

在组织结构设置、职责划分等方面，尤其需要注意的是大厅领班与厨师长的定位。

大厅领班的任务是：在如何为顾客提供优质服务的问题上进行思考并付诸实践。包括记住顾客的容貌、索要名片、必要时写感谢信等，为顾客提供全方位的服务，如表8－6所示。这一职务的人选必须认真敲定。

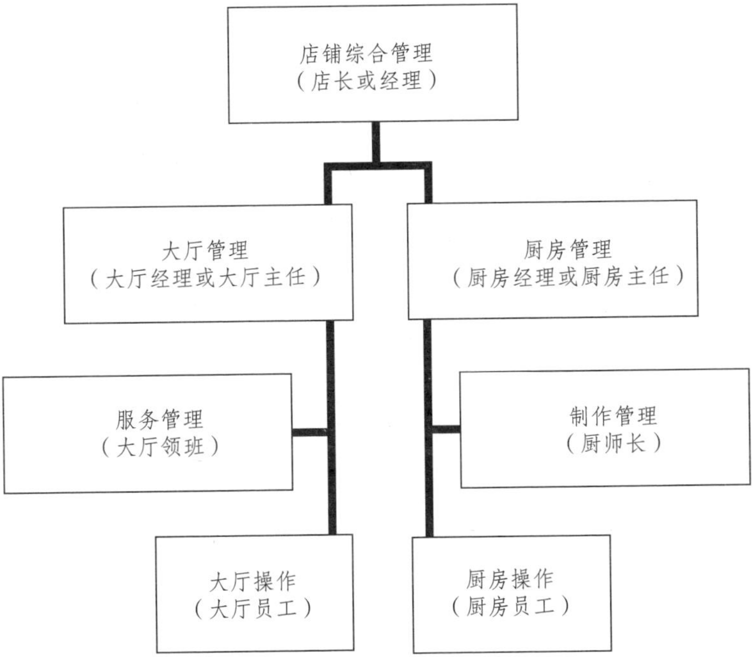

图8－2 店铺组织结构的设置方式

厨师长的任务则应尽量集中在菜肴本身方面。现在，很多餐饮店的厨师长承担的职责任务过多，他们既要考虑菜谱，又要与供货商打交道，还要检查每道菜肴、培训员工，甚至厨房器械的维修保养……如此一来，在菜肴制作这一关键职责上，厨师长们根本无法确保充足的时间与精力。因此这里建议，有关厨房管理的相关工作，应尽量交给厨房经理或厨房主任去做，如表8－7所示。

表8－6　大厅经理的职责

• 理念管理
• 大厅的资产设施管理
• 大厅的员工管理
• 大厅的运营管理
• 顾客管理
• 商圈管理

表8－7　厨房经理的职责

• 理念管理
• 厨房的资产设施管理
• 厨房的员工管理
• 厨房的运营管理
• 商品管理
• 供货商管理

第九章

促销计划的制定方法

——开业时切实推进，但不过分促销

开业之前为提高菜肴质量与服务水平所做的各种努力无疑非常重要，然而，无论菜肴质量多好、服务水平多高，如果人们不知道店铺本身的存在，那么这些都无从谈起。让目标顾客人群了解店铺的存在，使他们产生来店意愿的重要措施就是促销。

“促销”的含义正如字面所示，其中包括了为促进销售而开展的所有活动。

从广义上解释，以“欢迎光临”等礼貌用语向顾客致意以及开发顾客欢迎的菜谱等行为，也属于促销。

但是，现实生活中人们所说的“促销”，一般指的是散发宣传单、分发优惠券等直接向顾客进行推销的行为。

开业时的促销活动十分重要，甚至可能对店铺的未来产生很大影响。在这一章里，我们将对如何提高店铺的认知度、如何吸引顾客光顾进行介绍，并对开业促销过程中需要注意的几个问题进行详细说明。

第一节　开业促销的目标

——开业本身即为有力的促销手段，但需周密计划

与开业一段时间后再进行促销活动相比，开业时的促销活动比较容易开展。因为店铺营业之后，如果顾客已经产生了负面印象，比如“那家餐馆味道不好”、“那家餐馆的服务态度很差”等，再想开展有效的促销活动就绝非易事了。

上面的例子或许有些极端。不过，对于常年营业的店铺来说，好也罢，坏也罢，顾客总会对该店产生一定的印象。因此，促销活动必须以此为前提制定相应的计划。

而对于新店来说，顾客当然不会抱有任何成见。不仅如此，顾客面对新店反而容易产生“冒险去试一次”的心理。因此，新店开业这一事物本身，就是吸引顾客的有力促销手段。

不过虽说如此，开业之际的促销活动也绝不能掉以轻心。要想塑造一个好的开端，就更应该为开业促销做好周密的准备。更何况，开业时的顾客量往往很大，有

些店铺甚至达到平时的 2～3 倍。

开店伊始，顾客就蜂拥而至——对店铺来说，这种事情本身是件好事。但是，如果顾客数量大大超过了餐馆的接待能力，那该如何是好呢？

员工的培训自不必说，模拟高峰时段，对烹饪以及接待能力进行测试等——这样的事前准备工作也必不可少。尽管如此，顾客的实际数量与光顾时间，想必还是很难预测的。

即便事前做了大量预测，如果业务尚未熟练，导致上菜太慢或者服务欠佳，那么顾客越多，对店铺声誉造成的不良影响就越大。

从避免陷入上述困境的角度出发，促销活动的开展方式也很重要。对于开业促销来说，我们的目的并非只是提高店铺的认知度。正因为新店没有知名度，所以在吸引顾客的同时，我们还必须想办法让顾客在第一次光顾之后愿意再次光顾。只有实现了这一目标，我们的促销才能称得上卓有成效。

第二节　开业前的促销活动

——不求交友，但求不树敌

提起开店之前的促销活动，当然是以大张旗鼓的宣传为好——或许很多人会这样想。并且现实生活中，大型连锁店确实经常举行这种积极的促销活动。

与此相反，另一种开业手法却是静悄悄地开业。这种开业手法基于如下考虑：开业后，先给员工留出一段时间熟悉店里的业务，然后再开始进行促销。人们称这种手法为“沉默开业”。在首次引进新的运营体系时，连锁店也会采用这种开业方式。

积极举行促销活动，一方面会导致顾客人数骤增，店铺运营出现混乱，令顾客感到不快的风险也会相应地增加；另一方面，如果对开店前的促销活动进行控制，这种风险就会减少。尽管如此，如果错过了开店这个绝好的促销机会，那么所谓减少风险也将失去意义。

鉴于上述情形，对于初次开店的人士，我建议采取近似“沉默开业”的开业形式，不知大家以为如何？也就是说，事前发布开业广告，但不举行盛大的开业活动，并对宣传活动进行适度控制。

至于具体的促销手法，这里建议制作“开店预告牌”发布开店告示。预告牌要立在建筑或装修现场的醒目之处，上面注明店铺的种类与开店日期。牌子内容应包括表 9－1 所列的项目。

施工中的建筑物通常很引人注目，周边的居民、上班族、女职员们往往都很关心那里将出现何种事物。我们就是利用这一特点，争取收到较好的宣传效果。

此外，对于紧邻店铺，相当于“对门”或“左邻右舍”的住宅或写字楼，建议你事前去打个招呼。只要带上下一节将要介绍的优惠券或宣传单，大家就会对你表示欢迎。

施工中的噪音可能给大家带来影响，这是你去打招呼的直接原因。不过归根到底，是因为你必须与当地的人们，尤其是店铺周边的邻居搞好关系。或许你未曾想到，即便只是打了个招呼，开店后的纠纷也会因此而减少。

表 9－1　开店预告牌需注明的内容与注意事项

竣工效果图	绘制竣工效果图，以此对店铺进行说明。
店铺种类	例：“意大利面屋即将开业”、“天妇罗居酒屋即将开业”……
店铺的利用方法	例：“欢迎您全家的光临”、“当您与重要人士相约……”
暗示价格的语言	例：“家庭聚餐型意大利风格餐馆”、“正宗的法式餐厅”……
开店日期	如果具体日期未定，则可写“○月上旬开业”等形式，待开店日期确定后再作改动。
员工招聘事项	面试地点、联络地址等也要写明。
牌子的大小	尽量大一些为宜，建议长 2 米左右，宽 1 米左右。同时需考虑挂牌地点与高度，以便从道路一方能够清楚地看到。

第三节　开业初期的促销

——争取让顾客自然而然地走进店里

如果你采用的是类似“沉默开业”的开业形式，那么开店后的宣传单散发工作就显得尤为重要。这种开店通告的宣传单制作要点归纳起来，如下面图 9－1 所示。

关于宣传单的制作日程，请尽量在散发宣传单的三个星期之前，与印刷店进行底稿方面的协商。尽管稍后开始进行操作或许也还来得及，但请注意在时间上留有余地。

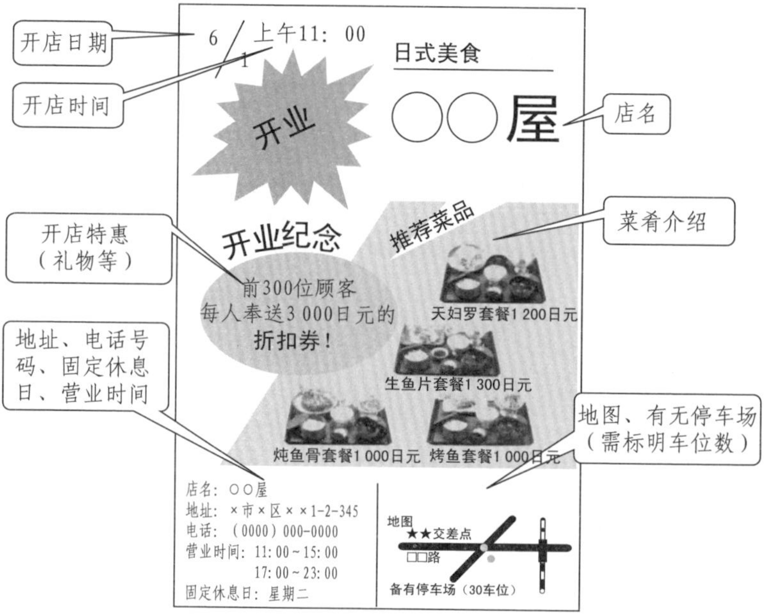

图 9－1　开店通告宣传单的要点

除此之外，开店后可以利用的促销工具还有优惠券。其做法是将优惠券发给顾客，待下次或以后光顾之际，可以以“8 折”、“5 折”，甚至“免费”的价格享用指定的菜肴。这种促销方式具有很强的吸引顾客再次光顾的效果。

在优惠券的制作方面，也有一些需要注意的问题。请根据店里的实际情况，认真思考下列问题。

优惠券的利用对象——特价菜肴

优惠券上登载的商品，建议不选用主要菜肴，而是选用辅助菜肴。如果是西餐厅，建议选用沙拉、汤、葡萄酒、咖啡等。这是因为，考虑到主菜本来就是店里的卖点，这种性价比较高的菜肴不应打折。

对于天妇罗盖浇饭等专营店来说，由于其商品都属于主要商品，因此特价菜也别无选择。除了这种店铺之外，即使是搞促销，也应该避免对主打商品进行降价销售。

优惠券的大小、有效期

优惠券的大小以 1 000 日元的纸币大小为宜，因为顾客可以将这样的优惠券放入钱夹随身携带。纸张以薄且结实为好。

另外，优惠券不要一张一张地分发。建议采取如下做法：以星期为单位，将每张优惠券的有效期依次错开。例如，本月第 1 周为咖啡优惠券，第 2 周为沙拉优惠券等。然后，设定一段较长的时期，例如 3 个月，再将这一期间的所有优惠券装订或连缀在一起发给顾客。

举例说来，一周有效的优惠券 12 枚（总有效期大致为 3 个月）即可装订成一沓。

这样做的目的有两个。首先，这种“最高优惠 3 000 日元”的集合形式，容易给人一种“很划算”的冲击感；其次，由于多张优惠券连缀在一起，顾客一般不会轻易丢弃。

另外，这种通过变换有效期，将不同菜肴的优惠券连缀在一起的方式，具有吸引顾客多次来店的效果。你可能未曾想到的是，顾客多次来店后，往往会习惯性地光顾这里。

优惠券上的记载事项

毫无疑问，为了便于顾客来店，优惠券上需要注明相关信息，如店名、地址、店铺的地图、固定休息日、营业时间、电话号码等。此外，还要注明使用优惠券的注意事项，如“每位顾客每次限用 1 枚”、“不能换购其他商品”、“不可兑换现金”、“不能找零”等。

制作顾客名册

开业时如果精力允许，建议请顾客在优惠券上写下姓名与住址，然后据此制作顾客名册。近来，客人们一般拥有电子邮箱，因此可以请顾客写下电子邮箱代替住址。

但是，如果餐馆只是汇编顾客名册，却不开展任何促销活动，那么对客人来说，这种行为就是很不礼貌的。因此，一定不能让顾客产生这种印象。

优惠券预算的制定方法

优惠券其实是一种事实上的打折销售，也是影响利润的因素之一，因此应事先制定好预算。

预算的大致标准应设定为：即便优惠券能够100%回收，那折扣部分的成本也能控制在目标销售额的3%以内。下面，我们列举一个月营业额为500万日元，成本率为30%的餐馆进行说明。如果该餐馆准备分发有效期总计3个月的优惠券，则［500万日元×3（个月）×3%＝45万日元］。由于这是优惠券的折扣部分的成本，因此如果将优惠券折扣部分的价格总额设定为X，则［X×30%＝45万日元］，由此推出X＝150万日元。计算过程看上去有些复杂，其关键在于：对于成本率为30%的餐馆来说，如果想将优惠券预算控制在营业额的3%以内，只要将3个月的预计营业额的1/10看作是优惠券折扣部分的总额即可。优惠券的回收率每个餐馆各有不同，根据我的经验，10%左右即为较高的回收率。

优惠券的其他作用

优惠券有这样一种派发方式：店员或者经营者本人逐一拜访附近的住宅或写字楼，直接将优惠券派发给顾客。对于顾客来说，这种派发方式具有强烈的宣传效果。

但是，由于花费的时间与人力较多，所以这种派发方式很难称得上高效。从费用与宣传效果的性价比方面考虑，最好采用报纸夹带的方式。

直接派发优惠券的做法，其实从员工培训方面考虑效果更好一些。除了通过共同招揽顾客，培养员工的合作意识以外，对于不熟悉招待工作的员工来说，这种方式还具有增加工作胆量的效果。

另外，通过向大家宣传店铺的存在，还能够增强你作为经营者的决心。宣传工作既然开展到如此地步，就已经无法后退，只能前行。从这个意义来说，优惠券也是一种增强经营决心的有效手段。

第四节　优惠券日程的制定方式

——根据过去的经验,灵活调整促销时机

关于宣传单与优惠券的派发时机——由于餐馆经营者的开店经验各不相同，所以这个问题的答案也因人而异。 根据经营者的经验丰富程度，对促销时机进行灵活调整，就能很好地掌控开店初期的繁忙程度，从容过渡到下一阶段。 下面对这种调整方式进行简要介绍，如图9－2所示。

具有开业相关经验时

对于在餐饮店工作时间较长的人来说，有人可能在此前工作的店里经历过开业前后的业务工作，甚至可能有人指导过相关工作。 如果你属于这种有经验者，想必已经对开业初期的繁忙情况有所了解。 那么，根据你以往的经验，在对开业前后的事宜进行一番预测之后，建议你在开业当日的报纸中夹入宣传单，开业当日就开始派发优惠券以进行促销宣传。

本章开头已经讲过，店铺开业是大批顾客光顾的绝好时机。 如果你具有这方面的经验，那就一定要充分利用这个时机。

不具有开业相关经验时

大张旗鼓地进行宣传，顾客因此蜂拥而至——如果这种情形只是带来负面效果，导致餐馆的声誉受到影响，那么这种促销无疑是有害无益的。 对于初次开店的人来说，脚踏实地，为员工和经营者自己留出时间熟悉业务才是聪明之举。

不过虽说如此，这里并不是让大家不做任何促销宣传。 尽管开店当日不建议进行正式促销，但是我们建议在首个休息日的次日，进行随报纸派送宣传单以及在店里派发优惠券等促销活动。 这是因为店铺装修阶段已经设立了宣传牌，因而能在开业之后的几天内招揽到一定量的顾客。 在首个休息日到来之前，顾客数量通常能够保持在一定的水平。 我们可以趁此时机全面熟悉店里的业务。

一般而言，上述方法需要根据促销活动的日程安排，逆向推算出开业的日期。 由于“首个休息日”大多为星期日，因此开业日期通常选择在星期一或星期二，设置一周左右的准备时期，然后再开始促销宣传。

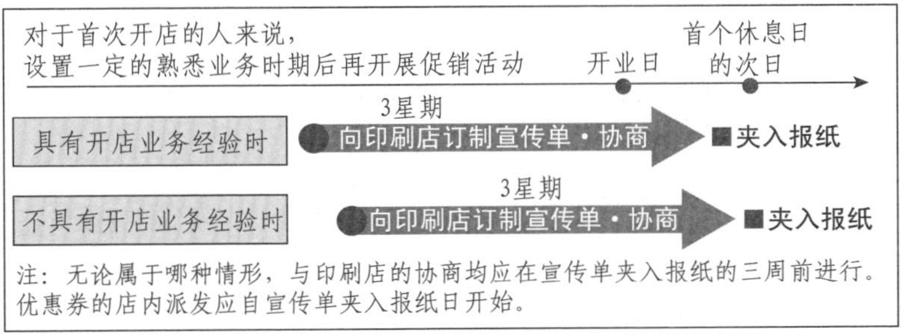

图 9－2　开业期间促销活动的开展方式

第十章

营业准备工作的开展方式

——不要在即将开业之际仓促上阵

通过此前的工作，我们已经跨越了开业之前的难关部分。但是，在开始营业之前，需要决定、需要准备的工作实际上还有很多。这些工作比较琐碎，如果能提前加以考虑，就能以较为从容镇定的心态迎接开业的到来。

首先，我们需要根据开业计划，重新审核一下营业时间与固定休息日。同时，我们还必须对不同时间段的营业状态进行确认。

其次，我们还要根据日渐成形的店面装修、经过斟酌的菜谱、录用的员工数量等，着手制定具体的业务操作说明。

最后，我们还必须在开业之前，购置餐具、厨具、制服等琐碎的器物与备品。为了避免在即将开业之际仓促应对，我们最好做好准备，以万无一失的态势迎接开业的到来。

第一节　营业时间、固定休息日的确定方式

——对不同时间段的营业形态进行确认

在前面我们已经提过，营业天数是在全年不休息的前提下进行计算的。的确，从顾客的角度来看，全年不休息是最好不过的。

另一方面，即便从店铺的角度来看，如果每周固定休息一天，全年便有 52 个固定休息日，再加上新年、盂兰盆节等（某些地段在这种节日期间可能无法营业），那么每年将有近 2 个月的时间无法营业。也就是说，在每周休息一天的情况下，如果日均营业额不能比全年不休息时高出 20%，那就无法完成全年的营业额计划。

再进一步，如果餐馆位于每周固定休息 2 天的商务街上，则每年的实际营业时间只有 8 个月。与全年不休息的情况相比，如果日均营业额不能高出 50%，也就无法完成全年的营业额计划。

对于餐馆的经营核算来说，是否设置固定休息日的影响是如此之大，因此我们必须慎重考虑这个问题。但

是，对于规模较小，经营者率先冲在一线的店铺而言，从经营者的体力以及精神等方面考虑，还是每周至少固定休息一天较为妥当。

另外，从地理位置方面考虑，某些日期也是无法营业的。这样的日子即便开店也没有意义。写字楼集中的商务街上通常将周日及节日定为固定休息日，其他的位置则将周一至周五之间的某一天定为休息日。如果是在商业街上，那就按照整条街上的固定休息日进行设定吧。

至于哪一天休息最好，这个问题的答案因地理位置、经营形态不同而各不相同。如果可能，请尽量不间断地营业一段时间，待收集数据后再做决定。这样设置的固定休息日一般不会出现较大的差错。

对于顾客来说，餐馆最好也能像便利店那样 24 小时营业。然而对于店铺来说，顾客较少的时间段最好设置为休息时间或者筹备时间。

考虑目标顾客群因素

不同的目标顾客人群，或者不同的业种与经营形态，营业时间也完全不同，如表 10 - 1 所示。例如，一般而言，咖啡馆如果设置休息时间往往做不成生意，然而如果是在商务街上，那么较现实的做法就是在午餐与晚餐时段营业，其他时间休息。

表 10－1　不同时间段的营业形态的要点

• 早餐时段

早餐时段的食谱因各地的生活习惯、饮食习惯不同而有所不同，分量与内容也有差异，因此需要加以注意。食谱内容很难与其他店铺有所区别，建议设法用合理的价位吸引顾客。也可以设法开发早餐食谱。

• 午餐时段

在餐馆的盈利时段中位列第二。一般的餐馆通常以 1 500 日元为价格上限。由于必须在有限的时间内迅速上菜，因此应制定易于烹制的食谱，并将菜品数量限定在一定范围内。建议设计一些独家食谱。价格方面较易流于低价位倾向，但对经营并无益处。建议关注价格与商品品质间的平衡。

• 下午茶时段

除了咖啡馆之外，这是销售额最低的时间段。此时闭店作为休息时间或筹备时间也未尝不可，但如果推出点心等适合这一时间段的茶点食谱，也能提高销售额。这时需要明确目标顾客人群及其来店的动机与需求。

• 晚餐时段

餐饮店最佳盈利的时段。几乎所有店铺的菜谱都是以这一时段为基础而制定的。顾客的数量无疑需要考虑，但是这一时段的人均消费额也应该加以重视。当然，酒类的销售也是关键。某些专营店只在这一时段营业。

• 夜宵时段

晚餐后至深夜之间的时间段。通常的思维惯例是预备小吃等下酒菜，同时销售酒精类饮料。但是，在某些地理位置，即便是深夜，某些销售非酒精类饮料的咖啡馆以及拉面馆等也能吸引大量的顾客。

同样是在午餐时段提供套宴，其经营时间也会因经营战略的不同而有所不同。如果是人均消费相当高的店铺，座位周转率为 1 即可，由于套宴的顾客基本停留时间为 1.5 小时，再加上前后的空余时间，则午餐时段营业 2.5～3 小时足矣。而如果店铺的经营战略为薄利多销，午餐时段的座位周转率目标为 2，则午餐时段的营业时间便可设置为 4 小时。

这样，在考虑营业时间的问题时，就必须同时考虑营业形态：不同的时间段设定什么样的目标顾客群，推出什么样的菜谱等。

当然，如果周六、周日的营业形态与平日有所不同，那么营业时间也需随之加以改变。只是这种改变必须对顾客广而告之。星期几的哪个时段设置为主要营业时段？其他时间段的销售额应该设定在什么水平？这些都是必须认真考虑的问题。

第二节　操作规程的制定方式

——制定任何人都可进行同样操作的操作程序

通常情况下，餐饮店的经营无法由一个人独自承担。由于这是一项需要配合的工作，因此必须制定大家共同遵守的操作规则。并且，这些规则必须保证任何人都能按此进行同样的操作，否则餐馆的经营就可能难以持久。

规则是源于经营理念的。 所谓经营理念，就是该店的经营目的与思维方式。 行为基准亦产生于此。

因此，我们要对自己为什么开店，希望打造什么样的店铺等问题展开思考，并进行具体阐述。 这就是“店铺的规则”，也就是“操作规程”。

例如，假设我们规定“上午 10 点开业”，在这种情况下，需将 10 点开业的操作方法汇总为“开业操作规程”，并且，此操作规程必须保证：只要遵循其操作规定，任何人都能在 10 点完成开业操作。

连锁店制定的操作规程通常较为庞大，这些规程不必一次制作完成。 你可以从制作临时工的操作规程开始，逐步推进到正式员工以及你本人的操作规程，如表 10 – 2 所示。

操作规程大致可分为两类：整体操作规程与具体操作规程。 整体操作规程是指“何时”、“何地”、“何人”、“做何事”；具体操作规程则是指“如何做”。

只要员工能够正确掌握操作要领，那么通常就没有打开具体操作规程书的必要。 从这种意义来说，具体操作规程书只是为了在发生问题时进行审核使用的“店法”。 更多的时候，是整体操作规程在发挥作用。

操作规程的制定并不难。 下面我们用通俗易懂的语言记录下操作方式，如表 10 – 3 所示。

表10－2　餐饮店制定的操作规程列表

A. 基本操作规程：全体员工均应掌握的操作规程	
①公司或店铺的概要（店铺的历史、规模、就餐座位数、地址、电话号码等）。	④店铺理念（目标顾客、店面理念、商品理念）。
②组织与权限（店组织、负责人的职权范围等）。	⑤店铺的每日流程（从开业前的准备、开业操作、营业、闭店准备、直到闭店操作等基本流程）。
③规则规定（店铺规则、工作规则等）。	⑥商品相关知识（商品理念的具体内容、本店推荐商品、超值商品等）。
B. 大厅操作规程：大厅内全部业务的操作规程	
①操作规则（明确标注何时、何人、做什么）。	④服务操作规程（从顾客进店到离店期间的服务方法）。
②器械操作规程（大厅内器械的使用方式与保养等）。	⑤顾客意见处理操作规程（意见处理的思维方式、应对方式）。
③保洁操作规程（大厅的整理、清扫、卫生管理等）。	⑥操作程序（对包括②～⑤项目在内的大厅业务操作法进行说明）。
C. 厨房操作规程：厨房内全部业务的操作规程	
①操作规则（明确标注何时、何人、做什么）。	④配菜操作规程（材料的保管、保存法，配菜方法）。
②器械操作规程（厨房内器械的使用方式与保养等）。	⑤烹饪操作规程（菜肴的烹饪、制作方法，装盘方法等）。
③保洁操作规程（厨房的整理、清扫、卫生管理等）。	⑥操作程序（对包括②～⑤项目在内的厨房业务操作法进行说明）。
D. 管理操作规程：店铺管理者（店长）的操作规程	
①理念管理操作规程(店铺理念等)。	③商品管理操作规程(食材的决定、订购、库存、烹制、成本管理等)。
②员工管理操作规程(人员计划、招聘、录用、培训等)。	

（续表）

④店铺设施管理操作规程（店铺的维护管理、修理修缮等）。

⑤店铺资产管理操作规程（器材、备品等的维护管理、修理修缮等）。

⑥顾客管理操作规程（顾客名簿的制作、促销方法等）。

⑦商圈管理操作规程（店铺周边的信息收集与其他店的竞争措施等）。

⑧供应商管理操作规程（与供货商的谈判方法等）。

⑨运营管理操作规程（1小时、1日、1星期、1个月、季度、年度等时间单位的运营方法）。

⑩营业额及事务管理操作规程（每日营业额管理、事务处理、预算的制定法等）。

注：①如果同时注明违反操作规程的惩罚方式，将会便于日后的管理。

②防盗抢操作规程也应考虑在内。

表10－3　请制定下列操作规程

1）整体操作规程

在整体操作规则中规定“何时”、“何人”、“做何事”。

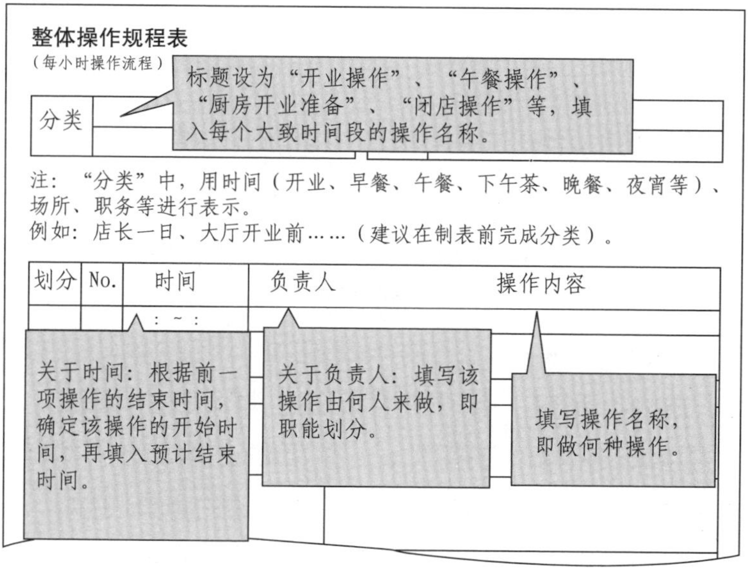

2）具体操作规程

对于整体操作规程规定的每种操作进行具体说明。

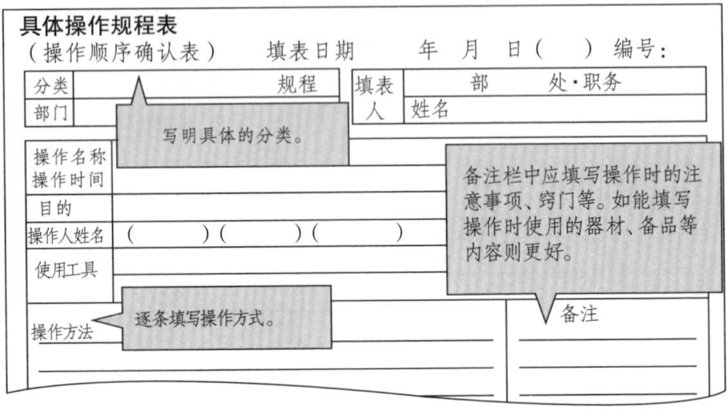

第三节　器材、备品的选择方式

——开业时不必使用特别定制品或高级品

餐饮店经营中需要消耗各种器材、设备用品等。这些用品的数量保持在最低限度也未尝不可。不过，如果开业当天就“这也不够，那也不够”地四处奔走采购，恐怕一开始就会绊倒在起跑线上。

对餐饮店来说，厨具与餐具是不可或缺的设备器材。此外，制服、各种消耗品等也是必备的用品。不同的业种，不同的经营形态，所用的厨具也各不相同。请根据店里经营的菜谱内容，列出所需的厨具清单。

消耗品也是同样。请想象一下实际营业的情形，列出消耗品清单，然后一一采购齐全。下面，我们就初次开店较难抉择的餐具与制服的选择方式进行详细说明。

餐具的选择方式

不同种类的餐具，所需的数量也不相同。主要的餐具，如每位顾客必用的汤碗、米饭碗等以及招牌菜使用的餐具，所需数量通常为就餐座位的1.5倍。当然，这一数量也会随着运营方式的改变而改变。例如，对于午餐周转率为2的餐馆而言，如果从财务核算方面考虑，无论如何都无法为洗碗池腾出人手的话，所需准备的主餐具数量就应是就餐座位的2倍。

此外，普通餐具的数量大致为座位数的1/2，而预计点餐率不高的菜肴所使用的餐具只要预备1/3即可。

关于餐具的预算，请按照顾客人均使用餐具的价格总额进行计算。例如，如果是西餐店，则需考虑沙拉盘、汤盘、主菜盘、面包或米饭盘、甜品碟、咖啡杯、葡萄酒杯、刀、叉、汤匙的总价。晚宴型餐饮店的餐具预算通常为整套合计5 000 ~ 7 000日元，家庭聚餐型餐饮店则为整套合计3 000 ~ 5 000日元。

不过，新店开业时不必使用高档餐具。这是因为此时对餐具的处理尚未熟悉，因此破损率比较高。建议待餐馆运营顺畅之后，在补充减损的餐具时，逐渐更换为较高级的餐具。

另外，关于餐具的统一问题，我认为不必要求所有的餐具一定统一。 餐具也有潮流，也可能停止生产。在追加订购的餐具已经停产的情况下，如果不惜将数量不足的既有餐具全部入库而订购新餐具，那么这种对餐具统一的过分追求只能导致巨额的开支。 在我看来，只要大小相同，尝试使用不同的餐具也别有风趣。

餐具的选择方式是由店铺理念与菜肴本身决定的。你可以从餐具供应商那里借来样品，然后试着将菜肴装盘进行比较。 究竟是用大的餐具盛放较少的菜肴？ 还是用较小的餐具营造满满的效果？ 这些都需要根据商品理念来定。

餐具种类很多，有陶器、瓷器、漆器以及密胺树脂等。 漆器保温性能较好，但是较难打理，有的无法使用洗碗机进行清洗。 密胺树脂餐具不易损坏，性能较好，但是手感较差。 建议你综合考虑各方优缺点之后作出选择。

制服的选择方式

大厅的店员制服，建议按照季节更替每年更换 4 次。 即使做不到这一点，每年也应更换 2 次。 预算的大致标准为每套 1 万～1.5 万日元。 建议开业时选用成衣，人员稳定后另行订做。 厨房的制服只要选用市面上大批量生产的普通产品即可。

从性能方面考虑，建议制服选用部件较少的服装。因为领带、装饰带、围裙、衬衫等的脏污情况不同，清洗周期也不一样，因此不便管理。并且，小件物品还有可能丢失。

关于制服的设计，人各有所好，但需符合店铺的理念。如果是活泼明快的店铺，则应选用鲜艳的制服，而稳重沉着的高档店铺，则应选择素雅的服装。另外，建议选择制服时不能只看式样，最重要的还是要考虑便于活动、不易脏污、不易褪色等因素。

还有，工作越熟练，制服便越不易脏污。

第十一章
开店啦
——做好各种准备，应对可能出现的混乱

期盼已久的开业终于临近了。不过开业总是要伴随着辛苦的，尤其是刚刚开业的那段时间。由于开业本身就是一种强有力的促销手段，所以那段时间的客流量往往会超出预想，因此你常常会被一些无法预计的突发事件搞得手忙脚乱。由于这个原因，开业阶段往往会令人感到身心俱疲。

开店初期，店铺的运转尚谈不上顺畅，因此即使上菜时间略嫌迟缓，想必很多顾客也会表示理解。不过，顾客虽然能够原谅第一次，却不会原谅第二次，归根结底，还是不给顾客增添麻烦为好。

无论操作规程准备得如何充分，在开店初期业务尚不纯熟的阶段，只有操作规程是远远不够的。除了必须

做好开业前夕的准备，制定开业当天的运营计划之外，还必须在其他方面做好充分的准备，以应对开业初期可能出现的操作混乱。这些准备工作包括：明确店员的职能任务，根据需要招聘临时工作人员，反复斟酌员工休息以及用餐的时间等。

第一节　开业前夕的准备工作

——逐个消除可能引发混乱的根源

在开店操作中，最重要的是要保证操作的顺利进行。为了减少由于业务不熟导致的困惑与差错，请按照如下要点做好事前的准备工作。

确定工具的放置场所

将所需的工具放置在哪里？这个问题需要事先作出决定。抹布放在哪里？湿毛巾置于何处？这些问题看似简单，却易被忽略，往往会导致开业时的手忙脚乱。原则上，这些工具应该保管在操作场所附近，例如餐具应该放置在装盘操作台近旁等。如果放置在抽屉等看不到其中内容的场所，建议用标签纸注明内容后贴在上面。冰箱也需做同样处理，门上张贴标签后操作将变得顺畅很多。此外，厨具也各有其专门名称，因此必须训练员工记住这些名称。

确定店员的职能分工

接下来确定店员的职能任务。表 11－1 列举了厨房与大厅的职能分工。大型店可以每人分配一项工作，然而对于小型店来说，一个人必须同时承担多项工作。因此，建议按照区域划分店员的职能任务，例如大厅与出菜口附近总计编为两组等。

表 11－1　店内作业的职能分工

大厅

- 迎宾
- 领位
- 点餐前服务（给客人端水、拿菜单等）
- 点餐
- 上菜
- 收拾餐桌
- 收款

厨房

- 事先准备（削皮、择菜等）
- 配菜
- 烹制（可细化为炸、煮等操作）
- 洗碗池

如果没有这样的职能分工，就很容易发生问题。例如，假如店员不慎将饮料等溅洒到顾客身上，大厅内的全体店员就会慌作一团，对其他顾客的服务就会受到影响。总而言之，职能的划分必须符合店铺大小等实际情况。

在店外张贴宣传单

开店之前我们印制了很多促销用的宣传单，现在你可以将其大量张贴在店外墙壁或者玻璃窗上。此举旨在向路过的人说明：这就是宣传单推荐的那家店。

我们在前面促销计划的制定方法中曾经介绍，宣传单上建议注明赠送礼品。在店外大量张贴宣传单的做法，还具有方便顾客领取开业赠品的效果。

关于赠品，尤其需要提醒大家注意的是，无论店铺多忙，都绝对不能忘记给顾客送赠品。“宣传单上明明写着有赠品，但是这个店最终什么也没赠。”——假如给顾客留下这种印象，就会损害店铺的声誉。

身为经营者，你只要向收款员提醒一句：“给客人赠品。”就能避免上述事态的发生。同时，如果店外张贴有大量宣传单，顾客询问“是否有赠品”也会较为自然，避免让顾客感到难为情。

举办招待会

开业之前，建议举办招待会以答谢此前予以协助的有关人士。

招待会可邀请如下人员：店铺装修工程可能给其造

成困扰的附近的人们，你曾经实习过的店铺的经营者、前辈，员工的家属，食材供应商，装修公司的人员等。此外，还需邀请街道自治会的会长、街道居委会的负责人等。开业之前，列出邀请人员名单，然后一一发送邀请函。如果需要邀请的人员较多，可错开日期分别招待。有时招待会甚至会举办 2 ~ 3 日。如果不举办招待会，则建议赠送开业后 1 个月内有效的招待券。

招待会当天自然是免费宴请，其他方面则与正常的店铺运营完全相同。因为这其中还有店铺试运营的目的。建议在招待券上注明如下字样：“招待会当天是店铺的首次运营，因此若有服务不周之处，敬请包涵。”以此暗示来宾招待会兼有运营演练的目的。

招待会不收取费用，但是迎宾服务照常，点餐如正常营业一样记入菜单，最后收款机也打出相应的款项。因为这些项目均需要演练。另外，在顾客即将离开之际，建议让店员从现金出纳机中抽出优惠券赠送给顾客。因为这样，可以让顾客分发给他的朋友使用。

招待会结束之后，一定要召集员工开会总结，对招待服务、菜肴的品质、上菜时间等进行重新评估。为了能够对相关工作进行改进，招待会最迟也应在开业 3 天前举办。

如果想得到更多的收获，还可以在招待会上进行问卷调查。这样有利于对各项工作进行评估。

对工作进行评估后可能会发现，某些菜肴制作起来较为复杂，开业之前无论如何都无法加以改进。 这种情况下，开业时将该菜肴从菜单上暂时删除较为妥当。

当然，我们原本应该用完整的菜谱迎接开业。 因此，开业时一定要避免使用菜肴种数过于精简的“特别菜谱”。 请仔细斟酌最低限度需要删除哪些菜肴后，再制定开业时的菜谱构成。 否则，就无法向顾客展示店里通常经营的菜肴种类与卖点，从而错失宣传的大好时机。

对于那些祝贺开业的花束以及贺礼等，建议在邀请函中提前表明谢绝之意。 即便这样，开店时往往还是会收到花篮以及红包等贺礼。 对于接受的贺礼，店里应该设置存放的场所。 并且，赠送方离开之时，店长必须亲自道谢，或者在开业一星期前后致函表示感谢。

另外，如果店前摆满祝贺开业的花篮，可能导致普通的顾客误以为这是招待会而不敢贸然进店。 因此，建议将花篮摆放在停车场的栅栏周围等处。

第二节　开业当天的应对工作

——采取特殊措施，应对“开业繁荣”

终于迎来了开业这一天。 下面列举几个开业当天必须要做的事项。

开早会

开业当天一定要举行早会仪式。这次早会的目的在于消除全体员工的紧张情绪。

表 11－2 是这次早会上应该发表的讲话内容示例。其中的重点内容是申明发令系统，明确指出应该由谁发布指令。

表 11－2　开业当天早会上的讲话示例

今天，在大家的共同努力下，我们迎来了如此盛大的开业庆典。对此我向大家表示感谢。在开店之际，我希望向大家说明几个注意事项。 首先，我负责发布所有的指令。因此如果大家有什么不明白之处，不要私下里互相询问，而是应该向我汇报。 其次，同大家一样，在这个店里接待客人，对于我来说今天也是第一次。因此，我所发布的指令可能会反复无常，很可能刚刚指示向右，接着又指示向左，这是因为究竟会发生什么情况，我也不得而知。因此，对于这一点，请大家不要心存疑虑或者感到不满，而是要按照我后面的指示采取行动。为了便于大家的操作，我也可能再次改变我的指示。 最后，如果大家对我的指示有什么想法，比如“我希望这样”之类的，请在休息时间或者闭店后向我提出。让我们大家共同将这个店打造成一个成功的店铺。

有效利用临时工作人员

开业之日，由于停车场的疏导以及分发赠品等事宜，这一天的工作量通常比正常营业时多出许多。因此，开业时最好雇用一些临时工作人员协助上述工作。除了委托亲戚帮忙以外，如有必要，建议招聘临时工或者小时工。 如果店铺规模较大，或许还需要停车场的疏导人员以及清洁人员。

此外，在 POS 机等销售终端的使用方面，有时需要在实际工作中学习机器的操作。 这种情况下，建议指定一个人集中精力跟随供应商学习相关内容，然后再由这个人教会其他人员。 这样就可以避免在一些细节问题上边学边忘了。

仔细斟酌休息及用餐时间的安排方式

开店伊始，不少餐饮店一整天的繁忙程度不亚于平时的高峰时段。 因此，员工休息及用餐时间的安排也应事先加以考虑。

人类能够集中精力于某事物的时间最长不过 2 小时。 超过这一时间，工作效率就会逐渐下降，并且容易出现差错。 因此，我们将休息时间与工作时间的合计周期设定为 2 小时来编制时间表。

这里建议休息时间设定为 10 ~ 15 分钟。 例如，如果休息时间为 10 分钟，则工作 1 小时 50 分钟后必须休息一次。 每位员工的休息时间依次错开。 举例说明如下：假设员工 A 自上午 11 时开始工作，1 小时 50 分钟后，即 12 时 50 分开始休息 10 分钟。 则员工

B 自 11 时 10 分开始工作，下午 1 时开始休息 10 分钟。

但是，对于员工人数只有 3 人的小型店来说，这个时间表需要略加斟酌。因为在一个人结束休息的同时，如果别的员工马上开始休息，就有可能因为人数少而导致工作难以衔接。对于小型店来说，如图 11－1 所示，那种在两段休息之间全体人员同时工作的轮换方式较为便利。

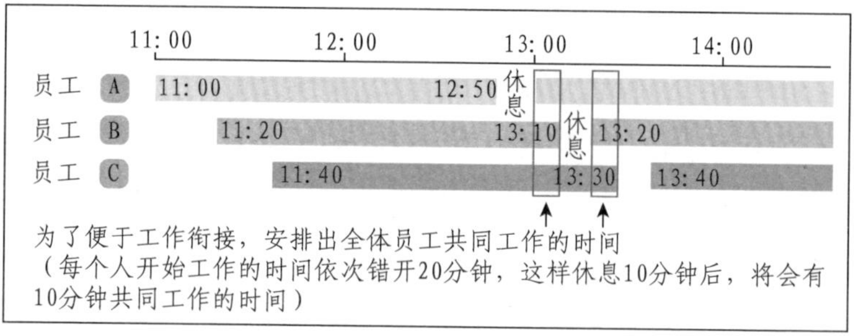

图 11－1　新店开业期间的员工轮换休息表的组合方式（员工人数少的场合）

至于用餐，想必也不能同平时相比。要知道这种时期根本不可能有另行设定用餐时间的余地。因此应做好准备，以便员工在休息时间随时可以用餐。具体说来，就是在休息室或者店铺后门外侧等处放置桌椅，预备充足的湿毛巾、运动饮料以及饭团等食物。从开业开始，这种轮换时间表可能要持续一个星期左右。之后，可恢复到平时的状态。

第三节　解决问题的措施

——新店难免出现问题，允许发生些许失误

开业时往往会出一些问题，并且其中某些问题无法立刻得以解决。下面介绍一些注意事项以及事前的预防措施。

问题一：上菜慢

开业时的拥挤可能导致上菜缓慢。为了避免这种情况，应该使顾客进店的时间错开。即使顾客在开业前就已经排起了长队，也不要一下子全部放进店里。例如，对于一个规模为 10 桌的店铺来说，如果将每次领位的时间错开 3 分钟，顾客的最初进店与最后进店就会产生 27 分钟的时间差。这样就能避免各种操作的高度集中。

在此基础上，还要随时对上菜时间进行确认。店员应在点餐单上记下点餐的时间，然后时常与其他店员进行沟通，对排在最前面的点餐单上的时间进行确认。如果时间差超过 20 分钟，建议对后面的顾客停止领位服务，请他们在店外或者等待室内等待。与在店外排队等候相比，客人在就餐席位上等候时更容易感到烦躁不安。这是因为，在店外候餐时，顾客恼怒的原因只有一个：领位太慢。 而在座位上等候时，引发顾客恼怒的原因却有多种：店员未能迅速提供白水与湿毛巾、店员迟迟不来点餐、上菜太慢等。

对于等候的顾客，建议如实说明情况。 下列解释方式可能较为妥当：“非常抱歉，由于我们刚刚开业，因此上菜用时较长。 我们这就开始准备，请您稍加等候好吗？”此外，在对点餐单上的时间进行确认时，如果发现顾客所点的菜肴迟迟未上，应该在顾客表达不满之前主动道歉。 这是避免让顾客感到过于焦躁的关键之处，并且其本身也是对商品提供过程所做的一种管理。

一般而言，开业时即使发生一些问题，很多顾客也会因店铺运营尚不成熟而表示谅解。 只不过，为了得到这种谅解，店里需要如实说明情况，并作出努力解决问题的明确表示。 因此大家不要嫌麻烦，争取用耐心的解释说明征得顾客的理解吧。

问题二：让顾客久等

尽管如此，让顾客等候时间过长仍然是你必须考虑的问题之一。 对于顾客来说，让他们感到痛苦的不只是长时间的等待，还有对于“接下来还要等多久”的未知。

因此，我建议大家制作“候餐表”。 图 11 －2 是候餐表的示例与各项内容说明。

候餐表一定要填写来店时间与领位时间，因为这样可以使顾客的等候时间一目了然。 有的餐馆请顾客自行填写候餐表，但是我对这种做法不敢苟同。 这些原本与用餐没有直接关系的工作，尽量不要交给顾客去做。 候餐表应由店员填写完毕，然后让顾客查看即可。

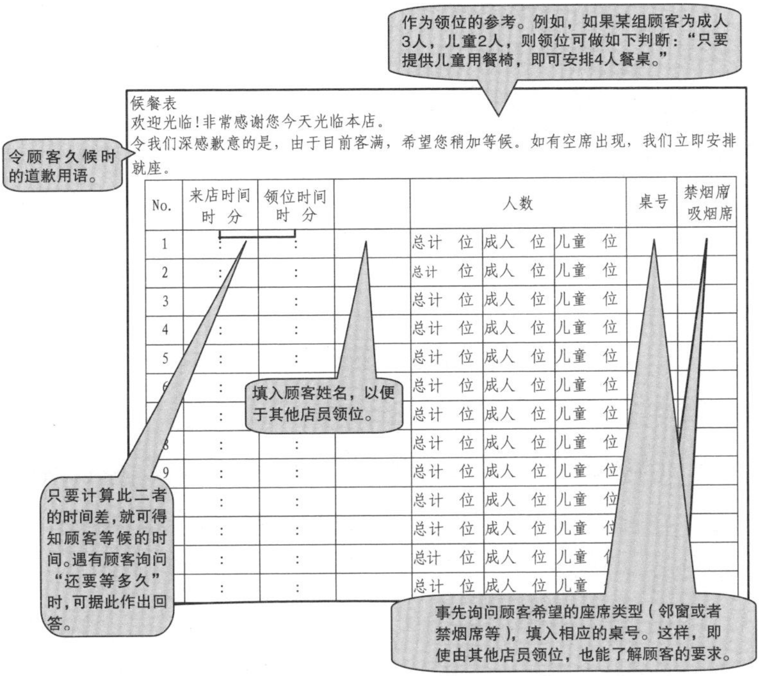

图 11－2　候餐表的使用说明

如果等候时间预计超过 30 分钟，建议向顾客如实相告，确认其是否决定等候。 如果需要等候更长的时间，建议向顾客礼貌致歉，邀请其下次再度光临。 这时一定要向顾客赠送开业纪念品，避免失礼。

问题三：客流量少

前面我们对如何应对开业时的繁忙景象进行了介绍。但是，尽管令人感到遗憾，那种进行了周密的准备后，但开业时客流量却很少的情形也时有发生。

其中的原因可以考虑几个方面。例如，报纸配送店搞错了宣传单的派送日期，或者某个竞争店在同一天开业。尤其是竞争店为大型连锁店时，如果对方进行了大张旗鼓的促销活动，那么客流就很容易流向那里。

无论是何种原因导致的客流量少，都必须采取措施增加客流量。例如，你可以让员工们排队站在餐馆停车场的入口，朝着驶过的车辆齐呼“欢迎光临”。由于这种做法能够强烈彰显店铺的存在，因此白天从店前经过的司机们就有可能在夜晚来店。如果车辆开进餐馆的停车场，应让店员将顾客引入店内，这样可令顾客进一步加深印象。

不过，这些做法毕竟只是“对症疗法”，无法立即从根本上解决问题。既然客流量少，那就在招待服务上多下工夫吧。在熟悉业务的同时，建议在开业 10 ~ 20 天之后，再次用报纸夹带宣传单进行宣传。开业时的印刷底稿想必还在，只要将介绍开业日期的部分改为“○月○日已开业”便可进行印刷了。这样就可以重新开始啦。

第十二章

开业后的店铺运营

——开业过后更需正确处理某些问题

对于餐饮店的经营来说，开业只不过是迈出了第一步。由于业务不熟，所以大家整日忙得不可开交，时间就在埋头苦干中流逝。要想让店铺经营早日步入正轨，开业过后对某些问题的正确处理极为重要。

首先不能忘记的是对合作者的感谢。为了弥补自己的经验不足，建议将店铺内外装修人员、厨房器械供应商、食材供应商等相关人员再次邀请到店里，与大家保持良好关系的同时，协商、解决开业后实际业务中暴露出的问题。同样，对待附近的人们也应如此，建议大家开业后再次拜访一下周围的邻居。

接下来的工作也很重要，那就是将开业期间的特殊营业状态改变为正常营业状态。例如，揭掉店外张贴的开业宣传单，将轮换休息表改为正常状态等。

此外，建议大家正确把握店铺营业状况与运营情况，整理出准确的数据与操作规程，以利于日后的经营走上正轨。

第一节　开业过后的后续工作

——首先将相关人员培养成支持者

开业过后首先应该做什么？那就是答谢为开业给予协助的相关人员。

例如，当你遇到与开业有关的种种问题时，曾经求助于从前实习单位的经营者与前辈。建议你在开业过后向这些人致函表示感谢，通报店铺已经顺利开业，并再度发出招待邀请。

没错，此前你已经邀请这些人出席过开业前的招待会。但是这一次，你可以向他们再度求教：请他们对店铺运营的实际情况进行观察，然后在菜肴制作、服务质量等方面，具体指出你未曾发现的缺点。

店铺内外装修工程的相关人员、厨房器械供应商、食材供应商等为开业提供了支持与帮助，这些人也应包含在你再度致谢并邀请的对象之列。由于这些商家查看过大量的餐饮店，因此在店铺的运营状况以及商品质量等方面提出的意见非常具有参考价值。

对于营业过程中发现的店铺内部装修的不当之处，你可以在这时候与工程相关人员协商加以改善；对于厨房器械使用方式的不明之处，你可以在这时与供应商进行确认，研讨更加有效的使用方法；对于食材的各种问题、烹饪方法的改良方式等也可向食材供应商求教。

除了上述人员以外，应该致函感谢并设宴招待的还包括开业期间临时帮忙的人们。今后一旦再次出现人手不足的情况，你或许还要向他们求助。

此外不要忘记的是，对附近的人们进行开业后的追踪走访。开业期间的拥挤嘈杂给大家带来的困扰可能超出事前的想象，因此即使开业前已经拜访、招待过这些邻居，开业之后仍然需要再度拜访。要知道，与近邻为敌是餐饮店经营中必须避免的大忌。

如上所述，除了顾客之外，向所有相关人员致谢是开业过后后续工作的第一步。尤其是对于规模较小的店铺而言，由于开业后无法举办大规模的促销活动，因此这种将相关人士培养成支持者，利用他们的口碑招揽顾客的做法，对店铺的经营很有帮助。

第二节　将休息轮流表调整为正常营业状态

——不能一直陶醉在开业气氛里

开业时，店铺在装饰、运营等很多方面都处于特殊状态。现在需要将这些恢复到正常状态。

如果店铺内外张贴着海报等开业宣传单，现在最好将其全部揭下。祝贺开业的花篮等，也要在枯萎凋败之前进行处理。让我们通过这些行为，彻底消除开业时期的浮躁心理吧。

与此同时，我们还要对开业之后显现出来的问题加以解决。例如，因为营业时间的标识过小、不醒目，引发了一些问题，因此需将标识进行整改。又如，事前忘记制作“正在营业”、“正在筹备”的显示牌，仓促之间曾经用手写的牌子暂且凑合了事，因此这时应购置精致的成品显示牌。再如，在向电话局递交的装机申请中，机主名称原本使用的是经营者个人的名字或者公司的名称，这时要将其改成店名。

硬件方面，餐桌、椅子的布局，工具、消耗品的放置场所，冰箱、仓库内的货架分配等也需要重新进行审核。

在开业时期，由于店内装饰、特别菜谱等原因，上述硬件中某些部分的设置也不规范。经过这一段时间的运营实践，现在我们可以将这些硬件的布局、放置场所、货架分配等设置为最理想的状态。

在店铺的运营方面，我们这时应该再次确认营业理念。这是因为开业期间的客流量比平时多，因此有可能在接待服务与菜肴制作两方面偏离当初设定的理念。如果任由这种情况发展下去，就会招致顾客的不满。

开业时期，出于对“店里太忙”或者“刚开业不久”的理解，顾客或许会对这种情况有所包容。但是，如果下次来店时，接待服务与菜肴的质量依然一塌糊涂，那么顾客就不会再次光顾了。开业时多少有些混乱在所难免，成败的关键在于如何早日加以改善。

从开业时期向正常营业的转换过程中，临时工的工作日程调整十分重要。在开业时期，很多店会对临时工提出不合规范的要求，让他们从事长时间的劳作。但是开业过后，如果工作时间仍不规范，就只能徒增人力成本。

具体说来，每到月末（周末），管理者应该让每名临时工填写下个月（下周）可出勤日期的出勤愿望表，然后据此制定所有人员的工作时间表，并将结果通报给每个人。由于开店一段时期后，客流量基本稳定，所以大致能够估算出每个时间段的店员需求状况，因此在制定这种时间表时，请注意保持人员数量的合理性，避免人员多余或不足，具体操作如表 12－1 所示。

表 12－1　恢复至正常时期的工作时间表

①征求所有人员的出勤愿望

每月25日之前提交次月工作时间愿望表

姓名		
1		：～：
2		：～：
3		：～：
4		：～：

每月25日之前提交次月工作时间愿望表

姓名		
1		：～：
2		：～：
3		：～：
4		：～：

每月25日之前提交次月工作时间愿望表

姓名		
1		：～：
2		：～：
3		：～：
4		：～：

每月25日之前提交次月工作时间愿望表

姓名		
1		：～：
2		：～：
3		：～：
4		：～：

②制作时间表

年　　月　　日　　星期　　工作时间表　　班组名称（　　　）　填表人（　　　）

	姓名	职务	06 07 08 09 10 11 12 13 14 15 16 17 18 19 20 21 22 23 24	小时数	时薪	人力费合计
1	吉田	店长		7		
2	铃木	收款		5.5		
3	佐藤	接待		3.5		
4	伊藤	接待		4		
5						
6						
7						
8						
9						
10						
11						
12						
13						
14					平均	
15				20	1 000	20 000

	06	07	08	09	10	11	12	13	14	15	16	17	18	19	20	21	22	23	24			
各时段工作人数						1.5	3	3	3	0.5	2	3	2	1	1							20人·小时
各时段销售额							0.5	2	2	0.3	1	2	1	1	1							108 000

本日销售额	11万日元	本日人力费	2万日元	本日人力成本率	（人力费÷销售额）=20%	销售下降

第三节　经营数据、操作规程的整理

——不了解自己,就无法开创光明的未来

开业后，为了让经营步入正轨，必须正确把握营业与运营的状况，必要时采取各种相应的对策。

每天编写营业日报

营业与运营状况的基础数据来自营业日报。对于这一基础数据的整理工作，很多中小型店铺并不重视。然而不能准确把握现状，就无法发现经营中存在的问题，

表12-2　营业日报示例

店铺营业日报　　　　年　　月　　日　　星期

A	本月销售目标	
B	本日销售目标	
C	销售目标累计	

天气
昼:
夜:

附近的其他活动

填写者

各时段销售额栏		顾客数	销售额	人均消费
	: ~ :			
	: ~ :			
	: ~ :			
F	本日综合			
G	至本日销售额累计			
H	累计完成率	%		

J	每月正式员工人力费:
	本月日均:

Q	前月水电费:
	本月日均:

R	本日可变成本	金额
	合　计	

人力费栏		金额	占销售额比率
J	截至本日正式员工人力费		%
K	截至本日的临时工人力费		%
L	截至本日的其他人力费		%
M	截至本日的人力费合计		%

采购栏	金额	占销售额比率

也无法开展有计划的促销活动。因此，请经营者们不要怕麻烦，应该养成编写营业日报的习惯。

表12-2是营业日报示例。当然，营业日报的编写形式千差万别，但是我建议你首先从这种简单的形式做起。作为营业日报的编写前提，请大家对前面介绍的工作时间表以及进货簿等进行认真整理。

在盘点过程中确认成本

除了每日编写营业日报以外，每到月末，店里还应进行每月一次的存货盘点，以检查原材料的采购量、使用量及库存量是否一致。此时，如果只是将所有货品进行汇总，最后计算出库存金额并进行确认，那么盘点就将失去应有的意义。

盘点的重要意义在于对使用的食材、消耗品等进行分类管理。近来的收款机能够记录每种菜肴的售出数量，需要时只要通过简单的操作即可调出。因此，只要在收款机上调出菜肴的售出数量，就可根据菜谱计算出理论上的原材料使用量，进而求出理论上的成本率。将这个“理论成本率”与“实际成本率”（根据盘点得出的实际食材使用量计算得出的成本率）进行比对是盘点的关键之所在，如表12-3所示。

如果“理论成本率”与“实际成本率”之间存在着很大的差异，则说明管理上存在着不可忽视的问题。例如，烹制过程中存在着浪费、烹制方法与菜谱规定不同、有人营私舞弊等。同样道理，消耗品也可通过盘点进行确认。

表 12－3　库存盘点表示例

年　　月库存盘点表　　　　本月　销售额：　　　　本月成本率：　　　　%　　制表人：

								本月采购（账本）		本月剩余（月末）		本月使用量			
	供应商名称	原材料名称	规格	单位	单价	数量	金额	数量	金额	数量	金额	数量	金额		
1	日经商店	米		袋	4 000	5	20 000	50	200 000	10	40 000	45	180 000		
2															
3															
4															
5															
6															

按种类进行盘点
控制成本率

根据菜谱构成与收款机显示的出库量
检查是否存在浪费或用料过多的现象

完善运营规则

此外，在店铺运营趋于稳定之后，经营者还必须对规章制度、操作规程、菜谱等进行重新审核并加以完善。

关于这一点，我们曾在前面进行过介绍。不过，真正开业之后你就会发现，这方面出现问题在所难免。比如某些项目被遗漏，某些项目的内容必须修改等。因此，我们必须早日修改、完善这些规则，并通报全体员工令其遵守。

仔细观察开业后员工的工作情况，就会意识到规则制度、操作规程等应该强调什么，需要增加哪些内容。建议健全规章制度，完善店员必须遵守的规则，如上下班及休息的时间规定，着装、仪表的有关规定，工作中的态度及相互问候的有关规定等。同样，操作规程、菜谱等也需加以完善，如表 12－4 所示。

表 12－4 店铺规章制度示例

店铺规章制度 编号 共计

关于休息、用餐的有关规定	公司名		制定日期	年 月 日（ ）
	店名		制定人	

No.	项目	内容		
1	休息	每工作4小时，休息15分钟。		
2		休息须有店长的指示。		
3		高峰时段可能视情况调整休息时间。		
4				
5				
6	用餐	店里提供盒饭。		
7		食用店内商品时，按五折结算。		
8		食用店内商品需征得店长的同意。		
9		不得食用外卖商品。		
10		餐费由个人负担一半。		
11				
12				
13				
14				
15				
16				

到目前为止，我们对开业相关的要点进行了说明。本章介绍了开业过后应该注意的事项。但是，对餐饮店来说，开业后如何步入经营的正轨才是成败的真正关键。

要想使经营步入正轨，完成开业前制定的营业计划，我们应该在什么时候做些什么呢？还有，一旦开业，事情的发展未必与当初设定的营业计划相符合。这种时候，我们又该如何修正营业的轨道呢?

本书第二部分将在汇总这些要点的同时，对如何让餐饮店的经营步入正轨进行介绍。这些要点不仅适用于开业过后的一段时期，而且其中很多内容对于经营不善的店铺摆脱困境也有很大帮助。希望大家在第二部分的指导下，将自己的店铺经营得红红火火，最终打造出一个“成功的店铺”。

第二部分
从开业到店铺的完善

第十三章

设定目标

——最终目标归根结底是增加销售额

对于餐饮经营而言，其终极目标究竟是什么？ 有人设定的目标很抽象，例如“将自己的店经营成这条街上最美味的店”；也有人设定的目标很具体，例如“三年之内还清开店所欠的借款”。

除了这种朝着既定目标努力奋斗的人以外，也有的经营者并没有设定特定的目标，在店铺经营中只是“跟着感觉走”。 在这种情况下，那种靠惰性支撑着的店铺运营氛围，顾客往往也能隐约地感受到。 因此，经营者本人应该目标明确，时刻保持干劲十足的状态。 这对经营而言至关重要。

假如你还没有制定具体的目标，那么我强烈建议你设定一个目标，然后采取相应的措施填补现实与目标之间的差距。我将这个过程称为“店铺的完善”。所谓“店铺的完善”，就是指身为店长的你，将自己头脑中描绘的店铺的理想形象准确地传达给员工，并努力将其付诸实践的过程。

目标可以用各种要素进行设定，例如菜肴制作、接待服务等。但是，从“店铺的完善”以及经营角度进行判断，你就会发现最终目标必须归结到增加销售额这一点。自己的店铺原本需要实现多少销售额？这个销售额与现实存在多大的差距？为了弥补这个差距我应该做什么？对于如何实现“店铺的完善”这一问题，我将在本章为你做详细的讲解。

第一节　首先要分析现状

——落实到数字上进行具体思考

本书第一部分建议大家在开业前制定店铺的“开业计划”。从根本上讲，已经开业的店铺设定目标与制定开业计划有许多共通之处。二者之间最大的不同之处在于：店铺在开业之后已经取得了某些业绩，而目标的制定必须以实际业绩为前提。

无论业绩如何，我们首先要对店铺的现状有着清醒、正确的认识。为此我们必须将实际业绩落实到数字上进行具体的思考。

制作损益计算表

制作损益计算表是通过数字把握店铺状况的最快捷径。不过，由于普通的损益计算表是用来报税，或者计算年度利润的，因此在把握店铺的日常经营状况方面略有不便。为了判断日常营业状况的好坏，将普通的损益计算表修改为经营管理用表会便利一些。

餐馆发生的费用大致可分为两类，即与销售额的增减无关的“固定费用”（也称“固定成本”）以及随着销售额的变化而变化的“可变费用”（也称“可变成本”）。

固定费用包括店铺的租金、贷款的利息等；可变费用包括食材费用、水电费等。人力费用中，一般认为临时工的费用为可变费用，正式员工的费用则为固定费用。但有时“人力费用”会被单列出来，成为与成本相并列的一项。

中小型店铺也应设立“总部费用”

顾名思义，“总部费用”即店铺总部所需的经费，如财会管理等费用。也就是说，如果经营者本人既在店里工作，同时又身兼财会等职责，则其在家里工作时使用的计算机租赁费、电费、场地费等都应计入总部费用。并且，经营者工资中的这部分报酬也应从总部费用中支付。

为什么要计算这笔总部费用呢？这是因为应该对经营者所做的工作作出正确的评价。你或许认为这种费用与中小型店铺无缘，但实际上中小型店铺也应设立这一项。

尤其对中小型店铺经营者而言，如果不设立总部费用，则容易将店铺的利润与经营者的工资相混淆。其结果可能导致餐馆准备投资时拿不出资金，或者反而导致经营者在金钱方面需索无度。因此，我们必须做好这样的准备：即使划出总部费用，也能切实保证店铺的盈利。

在开业初期，只要划出营业额的5%作为总部费用即可，不过我建议最好确保10%。同样道理，即使店铺用房属于自家所有，不需支付租金，也要根据周边的行情计算出房租，并将此租金计入经营者的收入。

现在，我们可以按照经营管理用表的要求修改损益计算表了。修改时，除了具体数字以外，还应计算出销售额中各项费用所占的比率。

第二节　制作目标损益计算表

——根据固定费用计算出目标销售额

接下来是目标。正如经营现状是通过数据来把握的，目标也是具体设定的“理想数字”。

我们首先来考虑销售额需要达到多少的问题。销售目标既可以通过店铺租金逆向推算（租金控制在销售额的8%左右），也可以根据店铺的面积以及每坪的月均销售额进行计算（建议每坪月均销售额设定为15万日元左右）。这里根据店铺发生的固定费用进行计算。

目标损益计算表的制表方式如表13－1所示。在这里，固定费用所占比率设定在20%～30%的浮动范围内，因此你可以按照自己的想法进行灵活设定。例如，如果今后的经营战略是进一步增加销售额，那么你可以将固定费用比率设定在20%的较低水平，将目标销售额设定得高一些。与此相反，如果目前优先考虑内部条件的充实，暂时不考虑增加销售额，则可将固定费用所占比率设定在30%的较高水平。

根据固定费用设定出目标销售额之后，接下来开始落实损益计算表的各个项目。对某些项目应该不拘于现状进行灵活考虑，例如人力费用。在人力费用一项中，即使经营者本人所从事的工作，也要按照雇用他人从事相同工作所需的费用进行设定。 请按照上述要求计算出原本应该需要的费用。

当然，这样计算出的数据可能和最初的预想存在差距，例如明明按照目标值进行计算，最后却出现了亏损等问题。 这种情况下，建议你按照自己的想法稍加调整。为了消除亏损，究竟是要提高目标销售额呢？ 还是要削减经费呢？ 如果决定削减经费，那么削减哪些经费不会造成经营上的困难呢？ ……这样进行反复试验、不断探索之后，相信你一定能够得到理想的销售额与损益计算表。

这样计算出理想的销售额之后，如果实际销售额中固定费用所占比率不到 20%，那么我建议你在制定今后的目标销售额时，采取每坪月均销售额的计算方式。 你可以先将每坪月均销售额设定为 10 万日元，然后提高到 15 万日元，最后争取提高到 20 万日元。

表 13－1　目标销售额的计算方法

①根据固定费用进行计算的计算方法

	备注
销售额	销售额由固定费用逆向推算得出。具体说来，就是将固定费用中的各项费用相加，然后将销售额中固定费用所占比率设定在 20%～30% 的范围内计算得出。

（续表）

经费	经费合计		设定为销售额的90%（因为固定利润率设定为10%）。
	可变费用	原材料费用 人力费用 水电燃气费用 其他可变费用	设定为销售额的60%~70%。 人力费用与原材料费用总计设定为销售额的50%~60%。
	固定费用	房租 总部费用 利息 折旧费用 器材租赁保险费	固定费用设定为销售额的20%~30%。 房租至多为销售额的8%，一般以5%为宜。 总部费用设定为销售额的10%，但开业之初可设定为5%左右。 固定费用中，除了房租、总部费用之外，还有利息、折旧费以及其他（器材租赁费、保险费等）。
利润		固定利润	设定为10%。
		税后利润	预计税费为固定利润的一半，因此税后利润设定为5%。
还贷			根据还贷额度倒推销售额，然后设定销售目标也很必要。
资金余额			从现金流（税后利润与折旧费的合计）中减去还贷额之后的剩余数额。如果税后利润一项便足以还贷则更佳。

②根据每坪月均销售额进行计算的计算方法

坪数×10万日元=最低必要销售额 坪数×15万日元=平均销售额 坪数×20万日元=最大销售额	这只是既有店铺的一般数值，归根结底只是参考实际数额，因地域不同而有差异。

③根据总投资额进行计算的计算方法

总投资额×2=年销售额（开业当年：总投资额×1.5=年销售额）
投资周转率需设定在2以上。投资周转率越高越好。 例如，如果店铺投资额为5 500万日元，则5 500万日元×1.5=年销售额7 500万日元。即开业当年，最低销售额必须在此标准之上。

第三节　制作店铺激活计划书

——尝试用语言描述“理想的店铺”

针对目标制定具体措施之际，建议大家制作“店铺激活计划书”，如表 13 – 2 所示。这里对各要点内容进行简要说明：前四项是在考虑如何弥补实际营业额与目标营业额的差距时，需要再次进行确认的事项；后六项则是计划采取的措施。此计划书最重要的意义不在于填表，而是对自家店目前处于何种状态，今后应该采取何种措施所做的思考。

基础数据

首先请填写店铺的面积（坪数）、就餐座位等基础数据，对店铺的数据再次进行确认。

前提条件

在采取相应措施时，某些条件是绝对不能让步的。例如“总投资额在 300 万日元以内”、“不能裁减工作人员”等。请将这些条件填写在本栏之内。

对业种、业态的探讨

通常人们很少考虑改变店铺经营的业种与业态。但不可忽视的是，业种与业态在很大程度上是由顾客的利用形态决定的。例如，某个店原本是“正宗的中国菜馆”，而多数顾客却将它当作“拉面馆”来利用——这样的情形比比皆是。今后，你的店铺是否应该继续保持开业时设定的业种与业态？请对这个问题进行重新探讨。

对店址及商圈内竞争情况的探讨

店铺地理位置的优越与否是相对的。从开业之初到现在，地理位置条件是否已经发生了变化？例如车流量的变化、竞争店的增加等。在思索改进措施方面，对地理位置变化的了解至关重要。

对销售额的探讨（也称制造销售额）

对如何弥补现实销售额与目标销售额之间的差距进行思索。思考这个问题时，可将营业时间按照人均消费额或顾客数量划分成不同的时段，也可划分为平日、周六、周日、节日等，分别思考如何提高营业额。

对店面的探讨（也称改进店面）

对店面功能、氛围等进行探讨。在功能方面，例如改变布局就有可能提高效率。在氛围方面，对店面进行一番装饰就会不逊于竞争店。保洁在氛围的营造方面也很重要，某些情况下还需对店面进行营缮与修理。因此，请大家对各方面情况进行再次确认。

表13-2 店铺激活计划书的制作方式（销售额、经费等的金额单位：万日元）

基础数据

制表日期 年 月 日
店铺激活计划书

开业时间1999年10月 占地面积110坪 店铺面积40坪 厨房面积15坪 大厅面积25坪 定休日星期一 座位60个 宴会桌0
餐桌数：10人桌1张，4人桌10张，2人桌5张， 人桌 张， 人桌 张， 人桌 张，吧台 个 停车场60坪10个车位
营业时间 开店8：00 闭店20：00 服务时间 上午8：00～11：00，中午12：00～14：00，下午茶14：00～17：00，晚上17～20，夜间 ～

制表人

科目	现状	%	目标	%	差额	率差
销售额	460	100	550	100	+90	
成本	193	42	190	35		−7
期首库存						
期末库存						
人力费用	161	35	165	30	+4	−5
工资、补贴						
杂薪						
奖金						
健康养老保险						
其他人力费用						
交通费						
招聘费						
各种经费	69	15	83	15	+14	±0
1.水电煤气费						
2.广告促销费						
3.						
4.						
			希望设定总部费用与房租			
5.其他						
固定费用	16		66		+50	
固定房租	0		30		+30	
销售提成房租	0		0		0	
器材租赁费	5		5		0	
总部费用	0		20		+20	
折旧费	1		1		0	
利息	3		3		0	
其他固定费用	7		7		0	
支出合计	439		509		+68	
经常性利润	21		43		22	
税后利润	10		21		11	
折旧费	1		1		0	
偿还贷款						
资金余额	11		22		11	

前提条件 ［如何弥补左面的差额？］

希望不改变业种、业态，不裁减员工。
可以适当增加投资。

对业种、业态的探讨

此前一直作为提供用餐服务的咖啡店而经营，但是上午顾客较少。今后准备取消上午营业，延长晚间营业时间，提高晚餐营业额。

对店址及商圈内竞争情况的探讨

本店位于与主要街道交叉的另一条路上，而主要街道沿线有家庭聚餐型餐馆。要想在竞争中胜出，就必须吸引顾客专门来此就餐。

对销售额的探讨 ［如何弥补左面的差额？］

目标为每天：
上午 10：00～12：00 2万日元
中午 12：00～14：00 5万日元
下午茶 14：00～17：00 3万日元
晚上 17：00～22：00 7万日元

由于目前只有3万日元，因此需要付出相当大的努力！全体人员开会探讨。

对店面的探讨 ［如何弥补左面的差额？］

希望营造出较高级的店铺氛围。可能的话尽量自己做。据朋友讲，将镶有插画、照片等的画框挂在墙上效果很好。晚餐时要使用桌布。

→是否适合本店？有待尝试。
注：店内略显脏污，下个固定休息日大扫除。

对商品的探讨 ［如何弥补左面的差额？］

菜单没有营造出咖啡厅的氛围。因此应减少三明治，增加意大利面，准备简单的凉菜等作为晚间的下酒菜，并应引进意大利烩饭等。

→烹制方法可向朋友请教。
开发一些下午茶时段销售的特价菜品。

对工作人员的探讨 ［如何弥补左面的差额？］

服务因循守旧。为了提高服务水平，应去声誉较好的餐馆参观学习。在提高菜肴烹制水平的同时，对基本服务项目进行再次确认。例如：

餐桌上餐具的摆放方式，接受顾客点餐时的菜品知识储备等。

对运营体系的探讨 ［如何弥补左面的差额？］

改变营业时间→更换入口处的标志。
同时用报纸夹带传单的方式进行宣传→内容为营业时间的变更以及晚餐内容的充实等——与印刷店协商。

制服也有待更换。预算为每人1万日元。

对投资的额探讨

已经向2个商家询问了制作意大利面所需的煮锅价格。
→准备与之协商采购价格，如果对方不同意我方给出的价格，则继续与其他商家进行协商。

备注

对商品的探讨（也称改进商品）

目前的商品与菜谱结构合理吗？ 菜肴的口味、装盘方式、分量等是否合适？ 在思考这些问题的同时，还要对餐具、上菜方式等细节问题进行审核。 此外，还应就如何改善不同时段的服务质量、开发新产品等问题展开思考。

对工作人员的探讨（也称提高人员素质）

请思索一下：你的店铺中的工作人员应该是什么样子？ 包括身为店长的你在内。 另外，要想增加销售额，就必须提高人员素质。 而工作人员的服务意识与技术水平的提高，不仅有利于提高销售额，而且非常有利于人力成本等各项经费的削减。

对运营体系的探讨（也称改进运营体系）

这里思考一下前项未曾涵盖的准备工作。 例如接待顾客的方法、服务内容、营业时间的设定方式、促销活动的开展方式等。

对投资额的探讨

为了实现前面列举的各项内容，很多情况下需要追加投资。 请计算一下所需的投资额。 当然，请有关商家对此进行评估也未尝不可，但是在如何提高投资效果比方面，你自己的智慧就显得尤为重要。 不可否认，这里也需要进行反复探索。请用语言描绘出你想象中的理想店铺形象，并将其作为你的店铺发展目标。接下来请设定目标的实现时间，然后将该计划在店内公布，征求店员们的意见。有了这样一份具体的计划书，店员也会对你的想法与意愿感到易于理解了。

一看就懂

吉田氏　餐饮店成功法则

- 大厅与厨房的面积之比为2：1
- 店铺与厨房系统应符合最大销售额（最大客流量）的需求。
- 就餐座位的数量基准为：『店铺面积（坪数）×1.3』。
- 停车场的车位数量应为『吧台座位数＋餐桌数』。
- 菜单上的商品种数最好与座位数相同。

第十四章
征集顾客的意见
——意见调查是引导店铺改进的指南针

制定了“店铺激活计划书”之后，相信大家就能想象出今后应采取哪些改进措施了。或许很多经营者希望马上开始各个项目的改进工作。然而，在着手这些工作之前，大家应该首先做好这样一件事情：那就是征求顾客的意见。

店铺的“完善”并不是仅凭经营者的自以为是就能实现的。要想打造一个较高水平的餐馆，就必须准确地把握顾客的需求，争取得到顾客的长久支持。如果单凭自己的想象一意孤行，其结果很可能是：顾客反而觉得“还不如从前的店好”。

经营者自己的想法与顾客的需求是否存在着偏差？我们需要对这个问题进行一下确认。具体说来，就是对光顾本店的顾客实施意见调查。请大家针对菜谱、店内氛围、店员的接待方式等制定题目，然后据此征求顾客的意见。

店员直接询问也是一种征集顾客意见的方式，但如果需要询问顾客的问题较多，最好还是采用问卷调查的方式进行。这样既可避免增加顾客的心理负担，又能保证店铺在营业的同时顺利接收意见。

下面讲的是征集顾客意见时应注意的问题。

第一节　事前的心理准备

——首先要目的明确

在实施意见调查前，请思考一下表 14－1 所列举的几个问题。否则，你煞费苦心所做的调查将毫无意义。

表 14－1　实施意见调查前应思考的问题

调查目的	明确自己为什么要实施调查。
调查中询问的内容	参照表 14－2。
调查方法	直接询问、填写问卷等方式。
调查对象	明确调查什么人的意见，也可考虑记名方式。
调查的时间与时期	在调查对象人数较多的时期或时间段，进行集中调查效果较好。
调查问卷的发放方法	除了直接交给调查对象之外，也可放置在餐桌上，或者采用邮寄的方式。
统计样本数	一般至少需要征集 100 个调查样本。可以用顾客数量的百分数确定样本数。

（续表）

调查问卷	问卷的大小、邮寄时是否采用明信片形式等。
对调查对象的答谢	考虑一下如何答谢答题的顾客。
调查结果报告	一定要向顾客报告调查结果。

目的

调查的目的大致可分为两类：希望进行哪些改进；希望了解目前的情形。例如，即使生意十分兴隆，经营者对于“为何兴隆”却往往不得而知。这种情况下，通过调查了解了个中缘由后，不但有利于进一步加强工作，同时也能在销售额下降之时，为争取顾客的支持、重聚人气提供参考。

征求哪些人的意见

实际上我们不可能征求所有顾客的意见，因此必须以某种形式对答题者作出限定。这种情况下我们不能逢人便问，而是应根据自己的目的，对调查对象有所选择。

例如，如果希望提高较少来店的顾客的来店频率，就必须选择偶尔来店的顾客作为调查对象。或者，也可选择具有某些属性的顾客，比如携家人来店的顾客、女性顾客等作为征求意见的对象。请考虑一下自己究竟希望征求哪些人的意见。

在对意见进行分析时，必须区分不同的调查对象。因为查看顾客的意见时，可能会发现顾客对店铺的要求完全相反。 这种情况下，经营者很难判断出应该采取何种措施。 因此，进行问卷调查时，起码应该请顾客填写性别与年龄，以便优先考虑目标顾客群的意见与要求。

考虑优先顺序

我们经常看到一些餐馆在做意见调查时企图制作顾客名簿。 诚然，顾客名簿的制作也很重要，但这不是意见调查的首要目的。 因此，如果你希望“尽量多收集顾客的真实意见”，最好采用无记名方式进行调查。

当然，即使采用记名方式进行调查，只要问卷的回收方式得当，也不难征集到顾客的真实意见。 只是请大家不要只顾回收问卷，而忽略了调查本身。

调查问卷的回收时期及方法

调查问卷的回收方式多种多样：可以在店内回收；也可以请顾客带回家填写，然后再邮寄回来；或者根据顾客名簿，用信笺的方式将调查问卷邮寄给顾客再进行回收。 其中后两种方式由于为顾客留有充分考虑的余地，因此可以增加问题的数量。 然而另一方面，这两种方式不但回收率较低，而且需要支付回信的邮费。

征集意见的人数

即使设定的对象很具有针对性，征集意见的人数也要至少达到100人。如果是随机调查，那么无论午餐时段还是晚餐时段，调查对象最好能够达到顾客人数的50%以上。调查期间与顾客来店频率也有关系。需要注意的是，如果设定的调查周期较长，可能会出现同一个人反复答题的现象。在餐桌上放置调查问卷时，如果回收的问卷数量一天天显著减少，就表明应该终止调查了。

第二节　调查问卷的制作方式

——提问的问题应尽量具体

制作调查问卷时应注意以下几点。

提问的项目

首先选择自己希望提问的领域（菜肴、服务等）。表14－2对各领域的调查项目进行了汇总，仅供参考。

问题的设置应该能够为店铺的改进措施提供参考。

例如，我们可能提出这样的问题：你觉得今天的菜肴怎么样？假设答案有三个选择：1. 很好；2. 一般；3. 不好。在这种情况下，即使很多顾客选择“不好”，对于如何改进菜肴我们仍然一无所知。因此，对于有关菜肴的问题，必须落实到调味、分量等要素上进行提问。

与此同时，我们还必须考虑到顾客回答问题的便利性。

例如，询问顾客来店的频率时，如果提问方式为“您每月光临我店几次？”或许某些顾客就会感到为难：上个月经常来这里就餐，但是这个月只来了一次，这种情况该如何回答呢？因此，针对这个问题，如果提问方式改为“您上次来我店就餐是在什么时候？”就可能获得比较准确的回答。

顾客调查表

非常感谢您今天光临本店用餐。目前，我们正在准备对菜谱、营业时间等进行调整，因此希望征求大家的意见。究竟什么样的店铺能够吸引您前往用餐呢？请在思考这个问题的同时，协助回答下列问题。

●晚餐时段（17：00～22：00）的相关问题

您晚餐在外面餐馆（包括其他餐馆）解决的频率为每月几次？　约为______次

您上次光临本店是在什么时候？　（　）年（　）月（　）日前后

您来本店使用何种交通方式？　（汽车　步行　自行车　其他）

您来本店路上需要多少时间？　约为______分钟

您今天点了哪些菜肴？

图 14－1　顾客调查示例

表 14－2　调查中提问项目的示例

分　类	调查项目、选择答案的示例
顾客的属性	姓名、住址、出生年月日、年龄、家庭构成
来店动机	用餐、宴会、等人、接待、休息、庆祝
来店路径	从家里来、从工作单位来、办事途中顺道、回家途中经过

（续表）

分　类	调查项目、选择答案的示例
对店铺的评价	是否感觉舒适、洁净、明亮、宽敞、进店是否便利等
对菜谱的评价	味道、菜量、外观、搭配、价格、品种是否满意等
店员与服务	措辞、仪表、知识、技术、服务是否周到
运营体系	营业时间、自助餐等经营方式、上菜所需时间、促销活动等
竞争店	同上述各条分类

注：调查时未必提问所有问题。问题内容可根据店铺现状与调查目的进行变更。

答题栏的设置方式

答题栏的设置方式大致可分为两种：一种是请顾客自由书写意见；另一种则是请顾客从备选答案中进行选择。自由意见栏能够收集到较为新颖的意见，但是会给顾客带来书写的负担。因此，如果能够设置备选答案，我建议还是采用选择题方式。

调查问卷的纸张大小

调查问卷用纸的尺寸应控制在A4范围之内。最好是单面印刷，问题的数量也应控制在一定范围之内。顾客来店的目的并不是为了答题，因此不要过分增加顾客的负担。

如果希望调查的内容较多，可将调查分为数次进行。或者请顾客将调查问卷带回家填写，然后再邮寄回来。

第三节　调查问卷的顺利分发与回收

——设法征集顾客的真实意见

调查问卷的分发与回收若要顺利进行，则必须特别注意如下问题。

首先，要确定调查对象，然后在该类型的顾客来店之际，将调查问卷交给对方并请其答题。

请顾客答题的时机，以顾客在餐桌旁就座并点餐完毕后最为现实。因为这时顾客时间较为充裕，能够仔细思考调查问卷上的问题。

但是，如果调查内容涉及价格，则应待顾客结账之后，赶在其离去之前实施调查。因为结账之前感受不到商品价格的高低。如果希望实施一番认真的调查，建议在店外支起帐篷，为顾客提供答题的空间。如果只是进行简单的调查，那么指派业务较熟的店员站在门口，对顾客进行口头调查即可。

如果调查问卷的回收在店内进行，那种让店员收集填写完毕的调查问卷的做法很不明智。因为如果让店员收集调查问卷，顾客可能会心生顾虑，从而避免填写真实的意见——例如对店员的不满等。建议在收款机旁放置一个加锁的回收箱，请顾客将调查问卷投放其中。锁具最好选取很结实的类型，以便让顾客感到放心：调查问卷只能在自己离店之后才会被看到。

对于填写调查问卷的顾客，最好送上赠品以示感谢。但是，如果在顾客填写之前过分强调赠品，顾客就会贪图赠品而敷衍作答，可能导致答题的内容缺乏可靠性。较好的做法是：在顾客将调查问卷投入回收箱后，低调地送上餐券等赠品。或者，调查也可采取记名方式，然后将礼品与感谢信邮寄给顾客。

第四节　调查后的注意事项

——对于难以答复的意见也要认真对待

意见征集完毕并不意味着调查的结束。如何答复意见是店铺接下来要面对的课题。尤其重要的是下面两个问题。

发布调查结果

在实施改进措施之前，建议店方对意见进行公开答复以示对顾客的感谢。具体做法是：将顾客的意见以及店方对意见的考虑写下来，张贴在店里。尽管做不到对所有的意见进行答复，但即使只是部分意见，对其进行认真的答复也是至关重要的。图 14 –2 是意见答复的示例，仅供参考。

公布调查结果有一个好处，那就是再次进行其他调查时，征集意见会简单得多。要想为顾客创造一个能够轻松发表意见的环境，并以此作为餐馆的经营指南，就必须公布意见调查的结果。

非常感谢大家对意见调查的配合与协助

经过对顾客意见的认真归纳，我们决定虚心接受大家的意见，在店铺运营中采取更好的方法。现选取有代表性的意见，对其答复如下：

意见 1

“晚上 10 点闭店未免太早，希望延长营业时间。”

目前正在就能否延长营业时间进行研讨。营业时间的延长关系到人力成本等经费问题，因此可能无法立即实施。请允许我们将此问题作为今后的课题进行研讨。

意见 2

“午餐菜谱价格较高，希望能便宜一些。”

尽管这个问题可以通过降低所用食材质量的方式加以解决，但是那将导致菜肴味道变差。在部分顾客要求降低价格的同时，我们也收到了很多“味道很好”之类的意见反馈。因此，请允许我们此次暂不降价。不过，我们正在考虑酌情增加超值菜品，预计将于今年春天变更部分菜谱。敬请期待。

意见 3

“我觉得地面与墙壁有些脏。”

非常抱歉!! 我们明天就会打扫干净。

根据大家所提的意见，我们将在各方面不断加以改进。希望今后继续为我们提供宝贵的意见。谢谢大家。

店主

图 14－2 调查结果公布示例

来自顾客的愿望与要求中，有些是需要花费一定的时间与精力才能实现的，有些则很难实现。这些意见中，有些还包含着很不错的点子，因此决不可置之不理。如果只答复那些能够马上付诸实现的要求，那么店方的态度本身就会受到质疑，因此即便是那些难以答复的要求，也要认真给予答复。

毫无疑问，店方的答复决不可过分生硬冷淡，比如直接回答“我们做不到”等。这其中需要一定的技巧。在店方的答复示例中，我们列举了三个意见答复。其中前两个答复针对的是无法立即实现的愿望。只要将难以实现的现实坦率相告，顾客也会表示理解。另外，店方的姿态也很重要：现在无法马上做到，但是我们今后可以努力。

对于可以立即付诸实现的要求，如第三个意见，那就直截了当地表示“立即实施”好了。不过，既然写明立即实施，就等于对顾客作出了承诺，因此必须兑现。

发布调查结果时，请事先与店员进行详细商谈。店方在意见答复中承诺“立即实施”之事，也需征得店员的理解。这样才能让店员信守对顾客所做的承诺。

某些时候，店方虽然采取了改进措施，但却仍为顾客是否感受到这些措施而不安。这种情况下也需要就措施内容实施意见调查。这种做法尽管会导致反复调查，但能反复修正应改进的事项，直至得到顾客的理解，以期实现顾客的“零不满”。

调查结果的利用程度

对于调查结果，我们不可全盘接受。归根结底，这种意见调查只能为我们的经营提供一定的启发而已。

下面列举的例子或许有些极端：某个寿司店在意见调查中询问顾客“今后想吃什么”，结果有顾客写道“想吃拉面”。那么，店方应该推出拉面吗？

既然开店，店方就有责任提供美味的菜肴以及能够让顾客在此度过一段美好时光的场所。在前面的例子中，如果店方在提供寿司的同时销售拉面，你真的确信不会破坏店里的气氛吗？

站在商品出售方的立场，对于超出自己责任的事，即使是顾客的意见也不应采纳。如何改进店铺，最终只能由经营者本人进行决断。

与前面所述的制作“店铺激活计划书”一样，实施意见调查时，也必须事先制定好今后的经营方针。只有在经营方针已经确定，希望对其进行小幅调整之时，才应该征求顾客的意见。如果在未确定任何方针的情况下征求顾客的意见，就会被意见牵着鼻子走，很容易失去自己的店铺特点。希望大家注意这一点。

意见调查具有局限性。例如，对目前来店的顾客所做的意见调查，往往是善意的评价居多。因为除了首次来店的顾客之外，真正对店铺感到不满意的顾客根本不会来店就餐。请不要忘记：顾客的真实意见，其实存在于因某种原因不再光顾的顾客那里。此外，调查结果中还有这样的情形：由于新人的工作疏忽，导致顾客认为“这家店服务不好”。

尽管存在着局限性，意见调查也并非徒劳无益。虽然不能单纯依赖意见调查，但毫无疑问，这种调查为我们提供了了解顾客意见的绝好时机。建议大家在正确理解这个问题的基础上实施意见调查。

通过观察员制度征集顾客意见

建立观察员制度也是意见调查的一种方式。所谓观察员制度，就是委托顾客在一定期间内，为餐饮店提供建议的一种制度。

与一次性的评价不同，这种制度能够持续地征集顾客意见。观察员可按性别或人群（主妇、学生、公司职员等）进行分类，每类人群分为2~3组。如果条件不允许，可将观察员暂时只限定在主要顾客群内。

餐馆应对观察员的姓名与住址进行登记，然后将调查问卷邮寄给观察员。店方事先与观察员约定来店就餐的频率，请观察员在来店就餐后，将意见写在调查问卷上并寄回店里。

餐费应由店方进行报销。观察员可在事后将餐费收据交还店里，店方则通过现金或银行转账的方式支付相关费用。除了报销费用之外，还请店方不要忘记支付报酬。

不过，观察员任期时间如果过长，其作为顾客的敏感度就会下降，因此最好以3个月为周期，定期更换观察员的人选。

店员也可成为意见调查的对象

针对店员所做的意见调查也有价值。因为我们可以从中了解该职场是否便于店员开展工作，工资水平是否合适等问题，并对内部体系的改善提供参考。销售不振时，还可面向店员征集提高业绩的方法。

不过，针对老员工与新员工，提问的问题应该有所区别。诸如“新员工为什么难以招到?”之类的问题，应该询问新员工。而对于改善待遇之类的问题，由于新员工缺少对工作以及与之相应的工资水平的理解，因此即使征求新人的意见，得到的回答很可能只是单纯的“工资越高越好”。因此，对于这类问题，还是征求老员工的意见吧。

调查店员对于经营者本人的意见，有利于经营者本人的成长。但是，无论面对任何意见，经营者都不能恼羞成怒。此外还需注意的是，这种情况下采用无记名方式更有利于征集真实的意见。

第十五章
店铺的复苏
——再现开店之初的兴隆景象

前两章中，我们对店铺改进、完善的目标设定方式进行了介绍。在后面的章节中，我们将对如何展开具体行动进行说明。前面已经讲过，为了对店铺加以改进、完善，必须从店面、商品、店员、运营体系等各个方面对店铺进行重新评估。不过，在着手这些工作之前，我们必须正视店铺的现状，还其本来的美丽面目。

朝着新的目标，你的店铺即将重新开始。为了这个新的开始，首先应该清除此前经营过程中不知不觉粘附的“污垢”。开业之初，你的店铺想必也曾簇新闪亮、熠熠生辉。努力将店铺尽量恢复到当初的那种状态吧。

生意惨淡的餐馆所粘附的“污垢”，并非只是我们肉眼可见的脏污，还包括工作方式、与生意伙伴之间的纠纷等各种问题。面对这些有待逐一解决的问题，我建议首先从彻底清洁店面开始。因为这个问题暴露在众人的面前，并且一目了然。这种彻底的清洁能够使你重温开店时的满腔热情，同时还能向员工、生意伙伴等表明自己重振餐馆的决心。

本章所讲述的内容都是餐馆保持其应有状态所需的基础工作。然而正是这些基础工作，才是餐馆迈向成功的第一步。

第一节　大扫除

——拿出重新开店的劲头

生意惨淡的餐馆大多脏兮兮、乱糟糟的。面对这样的餐馆，我们首先应该进行一次彻底的大扫除，尽量使餐馆恢复到开店当初的状态。然后制定相应的制度，并设法保持这种状态。

大扫除的时期

大扫除的前提条件是：确保充足的扫除用具与扫除人员，且时间充裕。很多餐馆每年在年底进行一次大扫除，然而年底本来就很繁忙，再加上天寒水冷，因此这个时期并不适合做大扫除。建议大扫除的时期定在夏季，选择晴朗的休息日，用一整天的时间进行彻底清扫。可能的话，最好聘用临时工以保证人手。

备齐扫除用具

工具充足，扫除的效率就会比较高。因此要事先选好必要的工具，备齐所需的数量，如表 15－1 所示。如果手套、抹布等扫除用具不足，就很难保证扫除的效率。

由于餐馆的污渍多种多样，因此需要准备油污清洗剂、木材清洗剂等各种专用清洗剂。建材超市等处备有各种清洗剂，请仔细阅读说明书后进行选购。另外，如果从供货商那里采购商用清洗剂，还可以请其传授清洗剂的使用方法及扫除要点。

表 15－1　请备齐如下扫除用具

扫除用具：拖把、抹布、玻璃擦、扫帚、簸箕、炊帚、海绵、钢丝刷、疏通管道专用金属丝、水桶、软管、钢丝去污球等。 **洗涤剂：**油污清洗剂、中性洗涤剂、玻璃清洗剂、地面清洗剂、研磨剂等。

表 15－2　扫除时需检查的场所

• 外部：窗户、招牌（注意电灯的裂痕、褪色等）、店铺周边（栽植的树木、栅栏等）、停车场（栅栏、白线、轮挡等）。 • 入口：陈列柜、门、候餐处、收款台（注意整理收款机）、电话、自动售烟机。 • 客用洗手间。 • 大厅：地面、墙壁、天棚、桌椅（注意是否晃动）。 • 出菜口周边（储藏柜等）：酒水柜、消耗品的放置场所（整理）。 • 厨房：厨房器械、罩子、换气扇、冰箱、仓库等。 • 空调：过滤器的清洁。 • 后院：更衣室、休息室、员工卫生间。	**注意下列卫生死角** 餐饮店中有很多难以注意到的卫生死角。一旦漏掉了这些地方，大扫除的努力就会付之东流。请注意检查下列场所： • 所用餐具（即使用洗碗机清洗，也请用手清洗一遍）。 • 杂志架。 • 厨房的案板。 • 餐桌上的小物品。 • 插放伞具的架子。 • 更衣室的锁柜。 • 公用电话的号码键盘。 • 垃圾箱。 • 扫除用具。 • 清洗剂的喷枪。

表 15－3　扫除处所表

扫除处所表①

扫除处所表 部门：大厅				制表人： 制表时间：　年　月　日	
No.	项目	扫除用具	清洗剂	清扫方法	备注
1	椅子	抹布 A， 收尾 B,2 块	中性清洗剂、 皮革清洗剂		
2	地面	地面刷、 拖把	地面清洗剂、 地板蜡		
3	榻榻米	抹布	中性清洗剂		
4	菜谱	抹布	中性清洗剂		
5	陈列柜	玻璃擦	玻璃清洗剂		
6	样品	纱布制的抹布	中性清洗剂		
7					

扫除处所表②

扫除处所表 部门：厨房				制表人： 制表时间：　年　月　日	
No.	项目	扫除用具	清洗剂	清扫方法	备注
1	锅	钢丝清洁球	研磨粉		
2	案板	海绵、炊帚	中性清洗剂、 漂白剂		
3	煤气灶	钢丝刷	活性碱 （尽量不用）		
4	换气扇	海绵	油污清洗剂		
5	不锈钢墙壁	抹布	油污清洗剂		
6	油脂阻隔器	地面刷	房屋清洗剂		
7					

扫除方式

大扫除的要点是：将店内能移动的物品全部移到外面。扫除结束之后，认真清点需要的物品与不需要的物品，将其分别放置到不同的场所，以便今后的工作操作。这种扫除方式既能同时进行物品的整理，又可发现平时不轻易移动的家具上藏匿的脏污。请大家拿出重新开店的劲头，将餐馆完全清空，进行一番彻底的大扫除吧。

扫除处所

扫除之前，将需要打扫的场所、器械、备品等大致分类列表，以便扫除中不留死角。同时应事先确定所需的扫除用具与清洗剂，这样能够提高扫除效率。例如，厨房中的罩子、换气扇等物品容易附着顽固的油渍，因此祛除油污的强力清洗剂不可或缺。

大厅的扫除中，面积较大且很醒目的墙壁是扫除的重点。对于普通的树胶材质壁纸，如果是轻微的脏污，可用水擦拭；如果是较重的脏污，可用稀释的中性清洗剂进行擦拭。需要注意的是布制的壁纸与灰浆墙壁，因为它们会吸收水与清洗剂，所以对于这类墙面上的较重污渍，只能用拧得很干的抹布轻轻擦拭。如果污渍过重，则应考虑重新喷涂或重新张贴。请站在顾客的角度，以顾客的心情对店铺的各个角落进行检查。

第二节　整洁状态的保持

——时刻保持店铺的整洁

大扫除之后，对于店铺来说，整洁状态的保持十分重要。大扫除可以在一天之内全部完成，然而要将整洁状态保持下去，则需每天付出不间断的努力。请按照脏污的程度，分别制定不同场所、不同频率的保洁计划，然后每天逐步加以实施。例如，脏污较重的厨房应该每天打扫，而招牌只需每周清扫一次即可，如表15－4所示。

表15－4　制定扫除计划

扫除处所表　　　　　　　　　　　　制表人：

部门：大厅　　　　　　　　　　　　　制表时间：　年　月　日

No.		小项目	周一	周二	周三	周四	周五	周六	周日	备注
1	椅子（脚）					○				
2	护墙板			○						
3	灯具	灯泡			○					
4		灯罩			○					
5	空调		○							
6	地板蜡					○	←闭店后			
7	外墙							专业公司每月一次		
8	桌子腿			○		○		○		
9	卫生间大扫除		○							
10	陈列柜						○	←闭店时		
11		样品			○					

每天的例行保洁不得省略，
时间主要设定于下午14：00～17：00之间的空闲时段。

通过计划、指示、检查养成保洁惯例

计划、指示、检查，是使店员养成保洁习惯、贯彻保洁精神的要点。管理者应该事先制定保洁日程表，然后以此为基础，在每天举行的早会与晚会（进入夜间营业时间之前）上，作出当天的保洁指示。这种指示每天坚持下去，就会形成惯例。

保洁工作结束之后，要对其结果进行检查，并且必须进行点评。“不错，打扫得很干净！”——这样的一句话能够让员工认识到清扫的重要性，有助于提高员工的保洁意识。

具体的扫除时间一般设定在营业时间结束之后，或者营业时间的空闲时段。建议设置如下规定：每天工作结束之前，至少进行 10 分钟的扫除，全体员工均需参加。

另一方面，利用手头的空闲时间随时进行扫除也很重要。最好养成“1 分钟保洁”的习惯。例如，厨房的地面扫除大可不必一次性完成，而是应在发现污渍之时，在力所能及的范围内随时做个 1 分钟的小扫除，以防顽固污渍的形成。

第三节　整理、整顿

——正确的流程营造便利的工作环境

进行大扫除时，应同时对店铺进行一番整理、整

顿。 这样做具有四个方面的效果：提高工作效率；清理不良库存；提高空间利用效率；给顾客带来舒适感。

整理、整顿的方法

整理、整顿的要点有二：一是丢弃；二是将当前不需要的物品拿回家。 店前堆积的空啤酒罐，可以请酒类销售店的人员将其收走。 已经作废但却没有丢弃的物品，例如从前的招牌、锅盖、厨房器械等，可以借此机会一并清理。

经营餐饮店时，往往会留存一些没什么用处的破烂儿，以为“或许还会用得上”。 大家每天忙忙碌碌，将票据等随意摊放在架子上，准备日后再将没用的东西收拾出来扔掉。 只要将这些物品进行整理，原本显得狭小的店铺就能腾出新的空间。

如果某些物品确实“可能用得上”，实在无法丢弃，那么建议将这种物品放置到经营者的家中，待需要时再拿回店里。 不过在实际操作中，大家最好先这样想：这些东西以后也用不上。

重新审视物品的摆放位置

请重新审视一下店内所有物品的摆放位置，包括厨房器械、日常器物、备品、消耗品、食材等，确定合适的存放场所，如表 15 – 5 所示。 这些物品若是继续摆放在开业当初设定的位置，日常工作是否便利？ 对于某些不合理的问题，人们往往用“习惯成自然”的方式加以解决，因此，建议大家再次确认一下：这些物品的摆放位置果真便于操作吗？

当然，如果改变物品的摆放位置，就必须在一定时间内张贴通知，昭告全体员工。 建议大家索性借此机会，摆脱原来的布局限制，重新摆放物品，以便尽可能地提高工作效率。

表 15－5　重新审视的具体示例

- 菜谱、托盘的摆放位置。
- 锅、刀具、餐具、食材的位置（是否符合操作流程）。
- 咖啡杯、砂糖、奶精的存放位置。
- 啤酒、果汁、开瓶器、玻璃杯等的存放位置。
- 观赏植物的摆放位置（是否妨碍通行）。
- 垃圾箱的摆放位置与数量。

第四节　维护修理

——做好一定的出资准备

前面所讲的扫除、整理等工作基本上不需要花钱。但是，若要店铺恢复开业之初的崭新面貌，重新开始，则需要做好一定的出资准备。 否则，任由店内的物品损坏残缺、惨不忍睹的话，将会大大影响员工们的士气。即便只是为了彰显你对店铺投入的热情，也必须对日常使用的器物、备品等进行一定程度的修理与修缮工作。

需要修缮的物品与场所

花木：如果店内或四周栽种的花木枯萎，店铺就会毫无生气，顾客也将很少光顾。因此，我们应该仔细进行一番检查，对枯萎的花木予以更换。这时需要注意的是，必须对花木经销商说明栽种的场所，选择适合该场所的植物进行栽种。否则，即使精心照顾也很难成活。

制服：制服旧一些没有关系，但如果存在破损、纽扣脱落、部件缺失（如围巾等）等情况，那就是问题了。制服如果不体面的话，将会影响员工们的士气，因此一定要想办法解决这个问题。比如委托自己的太太或者女性店员帮忙缝补，或者买来新的部件凑齐整套制服等。

餐具：餐具在使用过程中难免会造成一定程度的损坏，如边缘破损等。在其他餐馆用餐时，如果店家提供的餐具“豁牙露齿”，想必你也会感到不快。因此，不要对这些已经破损的残缺品感到惋惜，借此机会，换上备用的餐具，或者购置新的餐具进行补充吧。不过，如果你正准备对菜谱进行大幅度的变更，那就应该正确把握餐具更换的时机，以配合菜谱的调整。

餐桌椅、坐垫：由于顾客直接接触的缘故，所以对于餐饮店而言，餐桌椅的晃动以及坐垫的脏污等问题堪称致命的弱点。 即使花钱也必须进行修缮。

地面、墙壁、天棚、家具等：如果破损的程度较轻，业余木工即可应付，则在店里可自行修复；如果脏污或破损的程度较重，则需果断地聘请专业人员进行修理，或者另行购置。

第十六章
店铺的装饰
——用装饰提升店铺的魅力

经过一番彻底的大扫除，店铺想必已经变得整洁如开业之初。并且，经过对店铺的整理与修缮，工作中的各项操作也变得更加便利。接下来要做的，就是将整洁的店铺打造成出色的店铺。

生意红火的店铺一般具有共通之处，那就是其店铺设计都很美观，并且与其业种、业态以及经营理念相吻合。因此，把你的店铺也装扮得美丽些吧。

店铺为何需要装饰？或许有人对此感到不解。不过，如果将店铺比作人，相信这个问题就很容易理解。开店时的扫除有如清晨梳洗、人受伤之后需要搽药或者贴上创可贴一样，这就是修理修缮。至于闭店时的扫除，那就相当于人们结束了一天的工作后洗个澡。

装饰就是化妆打扮。人们随着春夏秋冬的交替而变换服装，享受装扮的乐趣。 同样，店铺也需如此。

店铺的装饰也并非易事。 由于需要一定的鉴赏力与创意，因此如果预算充足，就应该聘请设计师。 如果预算不足，则只能自行设计，那就需要注意后面将要介绍的一些问题。

第一节 需要注意的问题

——店铺装饰随季节、阶段的不同而变换

理念的确认

进行店铺装饰之前，不要忘记对店铺的理念进行确认。 不言而喻，如果店铺的装饰与目标顾客群不符，将会导致顾客的流失。 因此，在对店铺进行装饰之前，请首先考虑哪些人是自家店铺的主要顾客群，然后在此基础上，思索符合店铺理念的装饰方式。

负责人的确定

店铺装饰如果由多人分别设计实施，就会缺乏整体感。 员工中如有具备较高的店铺装饰鉴赏水平者，或者曾经学习过相关知识者，可以委任为负责人。

此外，如果周围有人爱好并擅长设计，或者曾经从事过类似工作，可以邀请其加入店铺装饰的顾问小组。将自己的店铺理念告知对方，使其在充分理解的基础上实施设计，将会大大提高店铺装饰的设计效果。

店铺装饰开始之前，建议经营者与设计人员一道，认真研讨其他店铺的装饰情况。没有经验的人可从模仿开始。

装饰日程的确定方式

首先确定店铺装饰的整体构思。这时如果事先拟定装饰的主题，后面的工作就会轻松许多。举例说来，如果事先拟定以某部电影、神话故事，或者童话作为装饰设计的主题，就会从中萌发不少创意。

接下来要确定的是从何处开始着手。首先是玄关，然后是北侧墙壁，再然后是柱子……如此这般，确定各个场所的装饰顺序。同时要给每个场所配备相应的负责人，然后确定具体的装饰方式，逐个部位开始实施。由于这项工作相当耗时，因此建议分步骤逐步推进。

不同季节采用不同的店铺装饰

首先将店铺装点成符合该季节的形象，然后制定每个季节的装饰计划。这种情况下不必拘泥于历法，只要按照自己的日常感受，在季节交替的月初，将店铺的装饰风格迅速加以改变即可。毫无疑问，这种季节感的营造一定会受到顾客的欢迎。

当然，每逢重要节日，如新年、女儿节、端午节、圣诞节等，店铺的装饰应增加相应的节日元素。这种做法在突出节庆气氛的同时，具有很好的促销效果。

如果店铺的氛围始终保持一成不变，就会令顾客感到厌倦，在与其他店的竞争中就有可能败下阵来。相反，如果随季节变换装饰风格，经过一年的努力，就可积累相应的道具与装饰方法。第二年如法炮制，就会感到轻松许多。因此，建议大家在第一年的店铺装饰中多下工夫。

第二节　具体的设计思路
——“大块、暖色、易打理”原则

进行店铺装饰设计时，设计思路至少要遵循“大块、暖色、易打理”三个原则。另外，在实际装饰过程中，许多物品都可成为装饰用品，因此，建议大家尽量选用一些不花钱或少花钱的装饰方法。

身边微不足道的物品也可制造出非凡的装饰效果

①画框

在墙壁上装饰画框是一种较为简便的装饰方法。画框中装裱的可以是绘画，可以是照片，也可以是其他图片。一般而言，挂历上往往印有很多精美的图片，大家可以多收集一些。明信片、贺卡，甚至手帕、围巾等都可装入画框中成为装饰品。如果是日式餐饮店，还可使用靛染的手帕或者日本纸作为装饰品。

②古董及风格古朴的器具等

古董、仿古制品、民俗用具、绘有图案的器皿等，都可用作营造高雅格调的道具。不过需要注意的是，布满灰尘或者给人以肮脏之感的物品不可用作这种场合的装饰品。

③干花

在西式餐饮店中，干花也可用作营造气氛的装饰品。大家不妨制作一个较大的干花饰品尝试一下。不过，干花需要经常打理。因为日久之后，干花的部分花瓣或者叶片将会凋落。

较大的装饰板块

如果不能得到顾客的关注，那么店铺装饰就很难达到预期效果。 因此，这些装饰品应该尽可能做成较大的块头。 如果装饰品较小，也可将多个装饰品汇集在一起，形成较大的装饰板块。

通常采用暖色系

店铺装饰一般采用暖色系。 红色具有运动感，能够促进食欲，蓝色则会抑制食欲。 如果希望提高就餐座位的周转率，则以大量采用红色装饰为宜。

必须易于打理

考虑到日后的清洁工作，装饰品应选用不易附着灰尘，或者易于清洁的物品。 是否易于擦拭、拆卸是否简单、是否易于更换、能否洗涤等，均在应该考虑的问题之列。

第三节　制作店头广告

——宣传营业相关信息

店铺装饰不仅具有装饰功能，同时还兼有宣传功能。 一个店铺如果不能吸引顾客的关注，那么这个店铺也就失去了存在的意义。 建议大家制作一些用于自家店铺的店头广告，用来吸引顾客的光顾。

店头广告可用来宣传自家店铺的特点以及卖点。 这种广告如果每次都委托商家代为印制，就会既耗费时间又耗费金钱，因此最好自行制作。 使用电脑制作后就会发现，这种店头广告其实很容易制作。

所谓“店头广告”，其实就是营业介绍，如表16－1所示，就是将店铺的信息传达给顾客，激起顾客的来店欲望。 因此，店头广告的内容经常发生变化：有时是各个服务时段的介绍；有时是该季节的酒宴介绍；有时是促销信息等。 店头广告应该不断推陈出新，因为只有不断出新，顾客才会对此感兴趣。

表16－1　店头广告宣传的内容

①营业时间。 ②固定休息日。 ③服务时段：早餐服务、午餐服务、下午茶服务、晚餐服务等。 ④停车场的有无、车位数等。 ⑤就餐座位数、房间的特点：单间、宴会厅的有无，普通就餐场地的特点等。 ⑥理念：使顾客了解本店的特点，如“正宗口味，一切均为手工制作”等。 ⑦来店动机：过分诱导顾客来店会适得其反。不过可以这样表示：“欢迎您全家光临本店”、“欢迎您和您的子女一同光临”、“欢迎您在购物回家的途中光临本店”等。	⑧餐馆的利用方式：强调可用于红白喜事、联谊会、儿童聚餐等各种聚会。如有接送服务等附加服务时，需写明相关内容。 ⑨商品、食材的特点：这是最重要的内容。介绍所选食材的有机、无农药、源自天然等特性以及菜肴的味道、外观、菜量等。同时还要宣传店里极力推荐的菜品等。 ⑩招聘事项：需要招聘店员时填写本项。 ⑪当前的促销信息：宣传该期间实施的促销活动，如“圣诞特卖”等。 ⑫年度促销信息：计划作为年度活动而实施的商品促销（收集印章等）。

有的经营者不喜欢张贴店头广告，认为这样会令餐馆显得脏乱。不过，除了部分高级餐饮店之外，多数餐馆其实需要营造热闹温馨的气氛。当然，如果随意制作、张贴店头广告，的确除了污染店面之外别无益处。因此，制作店头广告时一定要注意页面的清洁与美观，并且必须注意定期维护。

第十七章

菜谱的改进

——通过“品尝”发现问题

菜谱不可能尽善尽美，因为顾客的喜好经常会发生微妙的变化。经营者必须敏锐地捕捉这种变化的征兆，并对是否应该相应地调整菜谱而作出判断。

常年提供相同的菜谱，却能保持生意兴隆——然而说起来，餐饮界根本就不存在如此轻松之事。你或许觉得“现在已经很完善了”，然而，就在你如此松懈的那一瞬间，你的餐馆就已经开始走向没落。这种说法绝非耸人听闻。

我们经常听到这样一种解释，那就是“我们的店铺规模小，没有精力时常更换菜谱”。然而，这种想法其实大错特错。因为店铺的规模越小，就越有可能由店主一人决定菜谱的变更。并且，如果不肯付出努力，店铺的规模越小，就越有可能在短时间内被竞争对手掠夺走客源。因此，小规模的店铺更应该在改进菜谱方面付出不懈的努力。

说到菜谱的改进，人们通常会联想到味道的改进。然而这并不全面。因为人们在外就餐已经从单纯地享受美食变成了享受整个就餐过程，如图 17－1 所示。从前，牛排、寿司是人们偶尔才能品尝的美味佳肴。然而现在，价格低廉的牛排店、回转寿司店等随处可见，“珍馐美味”的概念正在逐渐消亡。取而代之的是：餐饮店纷纷开始提供包括店铺外观、内部装修、服务、氛围等内容在内的全方位就餐享受，并且这种全方位服务已经成为打造成功餐饮店的关键。因此，在菜肴的改进方面，不仅要考虑到味道的问题，而且还要考虑到装盘方式、餐具等问题。

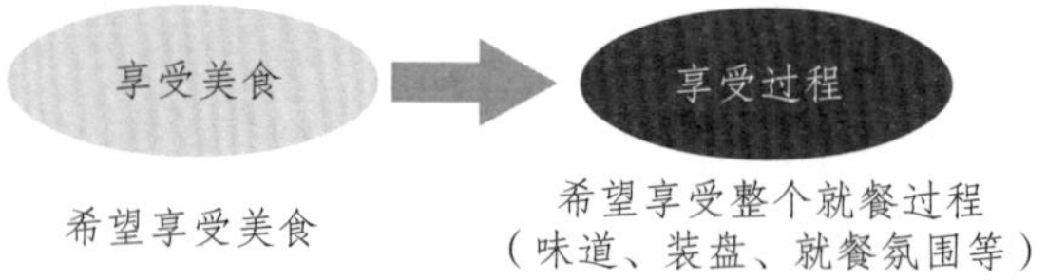

图 17－1　菜谱的改进并不仅仅局限于“味道”

第一节　改善的顺序

——其他领域的菜肴也能提供宝贵的参考

首先要找出目前菜谱存在的问题，探索改进的余地。这里问大家一个问题:“你品尝过自家餐馆的所有食品吗?”

如果仅仅是稍作品尝,相信任何人都可做到。我想问的是:“你是否一本正经地坐在顾客席上,吃光了一人分量的全部食品呢?还有,你是否定期进行这种品尝活动,并且吃遍了自家店铺的所有食品呢?”

或许有人会说:“这么麻烦的事,哪里办得到!”然而如果仅仅停留在浅尝辄止的品尝层面,就无论如何都无法实现菜谱的真正改善。因为你无法从顾客的角度思考问题。

举例说来,如果装盘方式不当,菜肴就可能在用餐时松散变形,从而导致味道受损。而这种问题是仅靠品尝无法发现的。此外,如果餐桌狭窄,用餐不便,这类问题也必须坐在顾客席位上才能体验到。

像顾客一样坐在餐桌旁,像顾客一样吃掉面前的菜肴——只有这样,才能从顾客的角度对菜肴作出评判。不是仅仅对餐馆出售的商品浅尝辄止,而是要对包括商品在内的整个店铺进行细细品味。

顺便提一下,分析菜肴的销售情况时,人们经常使用“ABC 分析法”。但是这种分析法即使能够找出销售不旺的商品,却不能找出具体原因。“商品有问题的话,顾客自然会提意见”——这种看法并不正确。能做到如此亲切的顾客可谓少之又少。要想找出具体原因,还是有待经营者的实际品尝。因此,经营者应该尝遍自家店铺所有品目的食品，并且至少半年一次。

表 17 –1　商品确认表

商品名		售价	日元	成本	理论：　日元 实际：　日元	成本率	理论：　日元 实际：　日元	ABC排行	

品尝确认

项目		问题点	改进方针	确认
上菜时间		是否过慢，或者过快？		
温度		表面温度与内部温度是否符合规定？		
装盘		颜色搭配是否协调美观？		
餐具		是否有破损、污渍、茶渍、指纹等？		
分量		相对于价格是否令人感到满意？		
味道	整体感觉	除了确认甜味、辣味、咸度等之外，还需确认咀嚼、吞咽时的口感。		
	主料			
	配料			

现场检查

项目	问题点	改进方针	确认
食材的质量	新鲜程度、个头大小等是否存在问题？		
食材的保存	保存场所是否受到阳光照射，或者靠近热源？		
烹制方面	除了确认烹制方法外，还需确认其中是否存在多余的行为。		
销售方面	能否将热菜迅速提供给顾客？		
顾客的食用情况	吃剩的菜肴是否大致相同？		

那么，应该从哪些方面对菜谱加以改善呢？ 针对这个问题，我们总结了以下几点。 请大家在品尝过程中努力发现问题，仔细推敲改进措施。

调味

无论顾客评价如何良好，再好的菜肴也会有吃腻的时候。 经营者必须对自家餐馆目前的菜肴口味常怀危机感，仔细研究菜肴口味的流行倾向，例如去尝一尝生意红火的餐馆的菜肴，或者去年轻人喜欢光顾的便利店购买人气较高的便当等。

菜肴口味的流行趋势是反复轮换的。 有的时期盛行甜味，有的时期盛行辣味。 有的时期流行清淡的口味，也有的时期流行厚重的口味。 经营者应该了解这种时代的口味变化，并在自己的店铺中有所体现。 不同顾客人群所喜好的口味也不尽相同。 儿童或年轻女性通常喜欢偏甜的口味，老年人则喜欢清淡的口味。 食物的软硬口感以及吞咽时的感觉等也在应该考虑的问题之列。

此外，调味方法不应局限于酱油搭配沙拉酱之类的既有模式，而是应该勇于追求新鲜的口味。 建议大家不要拘泥于日餐、西餐或中餐的形式，而是要不断研究、尝试使用各种各样的调味料或食材。

尝试一下改变配料也可防止顾客产生厌腻。 按理说，辛辣的菜肴需要搭配缓和辣味的配料，以中和菜肴的辣味。 但是你也可以尝试其他的调味方式。 即使在辛辣的菜肴中再度添加辣味配料，我们也不能断定这种调味方式是错的。

提供方式

菜肴的提供方式也有一定的流行趋势，具体提供方法随时代的发展而变化。 这种提供方法分为两种：单品种大分量提供法与多品种小分量组合提供法。 大家可以根据实际情况，在遵循店铺理念、保持自己的特色的前提下，对提供方法作出适当的调整。 不过，每种方法各有其优缺点。

例如，在对一人份的菜肴分量进行增减时，如果这种分量的增减破坏了菜肴的美观，就会得不偿失。 还有，增加分量后，原本热气腾腾的菜肴可能会在食用完之前变冷，这种问题也需加以考虑。 因此，建议大家在综合考虑价格水平的同时，通过亲自品尝，对菜肴的分量作出调整。

另外，对于顾客多为成群结伴光顾的店铺而言，与单纯增加一人份的菜肴分量相比，用大餐盘盛装菜肴以供多人分享的做法可能更有价值。 因为这种提供方法不但便于同伴之间的菜量调整，而且能够营造热烈的氛围，活跃店内气氛。

一般而言，菜肴是按份提供的，菜谱上通常标明一人份的菜肴价格，或者一份菜的价格。与此相对，还有一种提供方法是按桌结算的。这种提供方法与人数无关，菜谱上标注的是每桌菜肴的价格（酒水除外）。这种销售方法在宴会较少的时期，或者经济萧条的时代较受欢迎，尤其受到某些囊中羞涩的人群以及年轻人的喜爱。此外，晚上 9 点之后，由于高峰期已过，这种时候如果采用这种销售方式，有利于吸引顾客来店进行当晚的二次消费。

每桌的销售价格可以这样设定：将一天的销售目标换算成桌数（而非座位数），然后计算出每桌的平均价格即可。采用这种销售方式时，由于大家会分享菜肴，因此建议使用大餐盘盛放食物。

另外在菜肴装盘方面，只要对食物的摆放方式稍加琢磨，就能改变菜肴的外观。例如只要将一小捏不同色调的食材摆放在餐盘中作为点缀，就能在很大程度上改变菜肴的整体形象。与菜肴的调味相同，装盘方式也不应受到日餐、西餐或中餐的形式限制。建议大家多多品味各种美食，参考各种相关书籍，积极尝试不同的装盘方式。

餐具与顾客席

白色餐具能够衬托菜肴的颜色，不过我们大可不必拘泥于这一种颜色。最近，红、蓝、黄等颜色鲜艳、设计新颖的餐具也开始大量应用。建议大家在品尝各种菜肴时，想象一下各种餐具的装盘效果。或许某个未曾料想的颜色，会对你的菜肴形成更加突出的衬托效果。

此外，我们还应注意餐具的种类及大小。使用日式餐具盛放中餐绝非禁忌，相反，这种装盘方式还很常见，因为较小的餐具能够增加菜肴的分量感。餐具作为菜肴的陪衬已经成为历史。请大家将其作为菜肴的一个组成部分进行大胆的尝试。

同样，我们还要对店内气氛是否具有改善的余地进行探讨。那种认为标榜低价的店铺无须顾虑店内气氛的看法并不正确。要知道我们处于这样一个时代：即便是低价餐饮店，餐桌上也装点着蜡烛，席间也放置着用来冰镇葡萄酒的金属容器。因此，尽管不求奢华，但还是建议大家要坐在顾客席上认真品味，思索一下如何才能令顾客在此度过一段美好的时光。

第二节　招牌商品的确立

——招牌商品至少应具有三个特色

前面我们对现有菜谱进行了确认。现在，如果你能列出一些自己拿手的菜谱，那么接下来，我们将从中选择部分菜肴作为店铺的招牌菜。

“我对这些菜肴都很自信，很难给它们区分出上下。”这种心情可以理解，但是你必须明白这样一个道理：招牌菜的推出能够使店铺的形象更加鲜明，从而提高顾客对店铺的认知度。并且，这也是一种有效的促销活动。

招牌菜的失败往往是这样的：在实际销售中，店方认定的招牌菜并不是很受欢迎。因此，我们必须事先对菜肴能否成为真正的招牌菜进行一下确认。在这个过程中，建议大家使用表 17－2 所示的“招牌菜开发表”。

表 17－2　招牌菜开发表

填表日期　　年　　月　　日　　填表人员					
时间段	早餐时段	午餐时段	下午茶时段	晚餐时段	夜宵时段（深夜）
目标销售额	万日元	万日元	万日元	万日元	万日元
顾客人均消费	日元	日元	日元	日元	日元
顾客数量	人	人	人	人	人
目标销售数量					
菜名					
商品内容					
特点①					
特点②					
特点③					
价格	日元	日元	日元	日元	日元
点菜数量	例	例	例	例	例

我们首先设定一个餐馆整体的月份销售目标，并将其分配到午餐时段、晚餐时段等不同的营业时间段。然后我们思考这样一个问题：为了实现这个销售目标，招牌菜需要销售多少？为了确保“招牌”的形象鲜明，招牌菜设定为 2～3 种较为妥当。

菜肴的销售额就是菜肴单价乘以预计的销售数量。因此如果销售数量胡编乱造，计算出的销售额就将失去意义。当然，正确的销售数量尚不得而知，但是设定这一数量时仍然需要一定程度的依据。这里需要的，就是列出每个菜肴的特色。

这里所说的特色，是指该菜肴为何会成为店里的招牌菜以及它的哪些部分胜过竞争对手等问题。在这一点上，大家要始终站在顾客的角度，客观地看待这个问题，而不应该自以为是。

例如，如果只表明“米饭使用的是优质米”，就不足以成为一个特色。因为大米的味道因蒸煮方式以及烹调方式的不同而有所变化。因此，这里的特色不应该是原材料，而应该是“由于采用某种烹制方法，因此米饭很美味”之类的内容。“使用黑猪肉”的说法也是同样道理，因为使用黑猪肉未必一定意味着美味。

不过，针对同样的原材料，如果强调“使用有机蔬菜”，或“使用无农药蔬菜”则会彰显不同。由于有机、无农药的蔬菜即为卖点，所以能够吸引顾客光顾，因此可以将此作为招牌菜的特色。在考虑菜肴特色这个问题时，如果请店员或熟客一同进行品尝，然后请他们也参与思考，将会收集到较为客观的意见。

招牌菜最好至少具有三个特色。因为如果只有一个特色，就会很容易被竞争对手所模仿，从而失去招牌菜的地位。

通过列举这些特色，可以检验一下目标销售额是否脱离现实。如果目标看上去无法实现，那么大家就要在菜肴中添加新的特色，或者考虑其他菜肴是否能够成为招牌菜。这个问题绝对不可妥协。

招牌商品能够在很大程度上促进顾客的“口碑宣传”。比方说，如果你的朋友向你推荐他中意的餐馆，在这种情况下，你一定会这样问：“这家店什么菜比较好吃？好在哪里呢？”对于这样的问题，招牌菜就是最好的回答。当顾客向别人口头推荐你的餐馆时，他们讲什么好呢？他们又将如何讲呢？——请思考这个问题并作出回答。

第三节　菜谱计划

——制定“季节菜谱”

确定了招牌菜之后，建议大家在此基础上制定年度菜谱计划。一年的时间比较长，如果想在这种较长的时间段内吸引顾客频繁光顾，只依靠招牌菜显然是不够的。因此，我们需要认真制定年度计划，让菜谱富于变化。

开店之初，由于生意繁忙、业务尚不熟练等原因，可以靠一本大菜谱暂且应付。经过一年的运营之后，建议大家增加季节菜谱。当然，如果精力允许，也可以在开业之后的第二个季度开始加入季节菜谱。季节菜谱不仅能够对大菜谱的成本以及顾客的人均消费水平进行调节，而且还具有试销新产品、为未来的大菜谱变更准备条件的作用。

制定季节菜谱时，首先要参照表 17－3 所示的“不同时段商品计划表”，在“招牌商品”一栏中填写各个时段常年销售的招牌商品。然后再考虑每个季节的招牌商品。例如，我们既可以考虑在不同的季节使用不同的蔬菜作为配菜，也可以考虑使用时令蔬菜作为主菜制作菜肴。

“季节菜谱”最好只限当季销售，不过如表 17－3 所示，其中也包括“活力肉饼”那样的菜肴。“活力肉饼”虽然是常年销售，但是其夏季销售额预计将有显著的增长。

如果季节菜谱的制定漫无计划，只是在需要之时仓促拟定，那么菜谱的内容就无法做到新颖，与之前相比也会毫无起色。只有预先进行反复琢磨，才能胸有成竹地推出高品质的菜肴。

在制定菜谱的年度计划时，建议大家同时制定店铺装修与促销计划。 由于人们已从享受美食转变为享受就餐过程，因此作为菜谱计划的一个组成部分，我们必须同时考虑店铺装修与促销计划。 由于这只不过是计划，因此如果中途发现更有效的方法，也可以灵活地加以变更。

表 17－3 不同时段商品计划表

季节	午餐时段	晚餐时段	店铺装潢	促销活动
招牌商品	肉饼套餐(1 000 日元)。猪肉饼 250 克,米饭、酱汤、沙拉可随意添加。	牛肉饼套餐(2 000 日元)。牛肉饼 250 克,米饭、酱汤、沙拉可随意添加。	始终牢记装修的目的:招揽家庭聚餐型顾客。	促销活动每月一次,每次向附近居民派发 1 000 张宣传单。
春季商品	竹笋沙拉。	芦笋肉饼(1 200 日元)。猪肉饼 200 克,其间夹入芦笋。	缩减 2 人桌,增加 4 人桌。	实施入学促销。针对幼儿园、小学、初中的一年级新生及其家长,给予 10% 的折扣。
夏季商品	南瓜沙拉。	活力肉饼(1 100 日元)。牛肉饼 250 克,蒜味。	——	开展活力推广活动,推出的菜肴中添加具有增加体能效果的食材。
秋季商品	牛蒡沙拉。	蘑菇肉饼(1 200 日元)。牛肉饼 200 克、煎真姬菇。	——	就印制积分卡事宜,与印刷厂进行商谈。
冬季商品	柑橘水果沙拉。	萝卜泥肉饼(1 200 日元)。牛肉饼 220 克,上面点缀萝卜泥。	对店铺正面进行全面改装。营造出方便家庭聚餐型顾客进店的氛围。	从 1 月份开始引进积分卡。

注:早餐时段、下午茶时段、夜宵时段从略。

通过制定这种年度计划，经营者便可在脑海中描绘出店铺在一年期间的具体形象。要知道，对于菜谱能否吸引顾客多次光顾的问题，仅靠想象是很难作出判断的。而将年度菜谱认真归纳列表，可令菜谱的改进工作发挥实效。

在菜谱的改进方面，重要的是要主动出击。因为顾客一旦流失，就很难再争取回来。因此，请大家有计划地实施菜谱改进工作，时刻留意现有菜谱中是否存在问题。

第四节　菜谱的更换

——菜谱需两年更换一次

菜谱册子是用来收录所有菜肴的。前面说过，经过一年的业务体验之后，建议大家制定季节菜谱。当然这个时间未必需要一年，如果精力允许，也可以在开业之后的第二个季度开始增加季节菜谱。

不过，菜谱的更换也不可过于频繁。因为如果顾客难得来店一次，却发现上次享用的菜肴不见了——对于顾客而言，那将是非常遗憾的事情。当然，有的顾客希望“每次都能品尝到不同的菜肴”，但其前提条件却也是能够放心地享用固定商品。因为在这种情况下，即使对新增加的菜谱感到不满意，只要有固定商品存在，顾客也能放心地来店用餐。因此，菜谱的更换不要过于频繁，而是要用将季节菜谱升级为大菜谱的形式，每两年更换一次为宜。季节菜谱不仅具有调节大菜谱的成本以及顾客人均消费水平的功能，而且还具有试销新产品、为未来的大菜谱变更准备条件的作用。

大菜谱与季节菜谱的使用期限均为两年，二者的更换时间最好错开一年。例如，大家可以将奇数年作为大菜谱的更换年度，将偶数年作为季节菜谱的更换年度。以这种速度更换菜谱，既能避免顾客感到厌腻，又能节约菜谱的制作费用。

一看就懂

吉田氏　餐饮店成功法则

- 畅销菜肴所需餐具的数量大致为就餐座位数的1.5倍。
- 控制成本率的责任在于前堂店员。
- 通过季节菜谱调整年度成本率。
- 根据目标顾客群的在外就餐经验与口味烹制菜肴。
- 菜谱的大小应控制在4人餐桌的1/4之内。

第十八章
员工培训的开展方式
——制定培训时间表，增强培训效果

店铺开业后的半年之内，或许你已经记不清多少次如此这般训斥过店员：“究竟要说多少次你才记得住啊？！”不过，对于店铺的运营，你本人也处于摸索状态，要知道店员很可能也受到了身为店主或是店长的你的影响。站在店员的角度，他们可能会感到难以理解，因为他们或许觉得：“店长一边在训斥别人，一边也在犯同样的错误。”

熟练掌握店铺的运营之后，建议大家重新审视一下自己对员工的培训方式。在此之前，你的培训方式或许是这样的状态：在意识到的时候，提醒店员注意自己意识到的问题。这种情形发生在开店之初，固然有些无可奈何。但是，为了提高店铺运营以及接待服务的质量，我们今后必须采取较为系统的培训方式。

在此之前，请大家首先了解一下员工培训内容的大致分类：

一、做人的基本常识培训（礼仪举止、社会规则等）。

二、商务知识培训（电话应对、会议的召开方式等）。

三、餐饮店运营所需的知识与技术培训（接待服务方式、基本烹饪技术等）。

四、本店所需的知识与技术（本店特有的接待规则、烹饪方法等）。

这里并没有让大家按照一到四的顺序开展培训的意思。无论是临时工或小时工，还是大厅领班或厨师长，都同样需要进行这四个项目的培训。因为即使是礼仪举止问题不大的临时工，如果未接受店里制定的接待服务规则培训，也不能开展工作。

顺便提一下，面试其实就是对应聘人员曾经学习过上述培训内容的哪些部分进行考察。其中“一”是录用标准中最重要的部分，这方面存在问题的人不能录用。另外，一般而言，勤工俭学的学生完全没有接受过二到四方面的培训。相反，所谓“有经验者”，就是具有二、三经验的人。

针对临时工所做的培训，与针对长期从事餐饮服务的正式员工所做的培训在水平方面有所不同。例如，在开会方面，对于临时工的要求是“认真倾听他人的意见，明确表示赞成与否并阐述自己的意见”；而对于大厅领班的要求是“发挥会议组织者的作用”。以备将其培养成未来的店长。如何开展这种不同水平的员工培训呢？建议大家最好遵循这样一个顺序：设定培训目标→选定培训项目→决定培训方法→教育→训练，如图 18－1 所示。

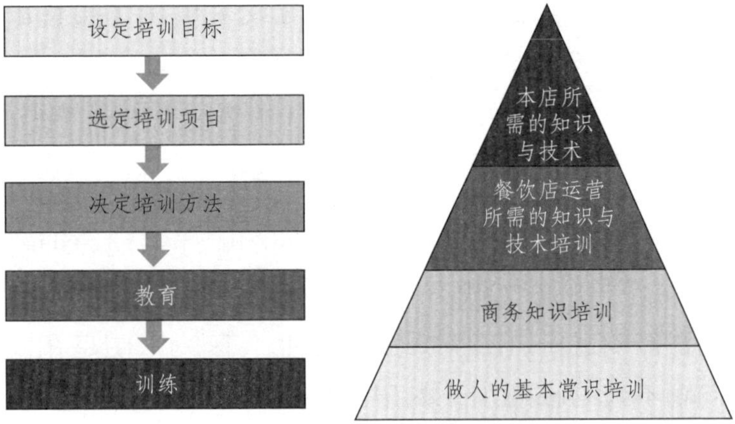

图 18－1 员工培训的四个层次与培训顺序

第一节 培训目标的设定

——在理解的基础上培训效果较好

首先要针对每名员工设定培训目标。所谓“目标”，就是对每名员工所寄予的希望，如“希望小 A 能够掌握整套保洁业务”、“希望小 B 掌握投诉处理及顾客接待的全套业务”等。如果店里设有主任、副主任等职务，其培训目标与各个职位分别对应的职务责任相同。

对于开展培训而言，目标的设定堪称最为重要的一步。培训效果不理想的店铺，大多没有搞清楚“教什么”与“怎么教”的问题。

即使是学校，也分为一年级、二年级等不同的阶段，并分别施以相应水平的教育。对于小学一年级的学生，即使教授生物进化方面的内容，他们也无法理解，因此首先要从周围有哪些生物开始教起。相反，如果教师搞不清楚学生们希望学什么，而是认为这也必须教，那也必须教，那学生们就会陷入理解不了的困境。

餐饮店也是同样道理。店员们如果搞不清楚店长为什么提醒自己，就可能放弃学习。因此，经营者应该设定每名员工的培训目标，并将其告知员工。同时，经营者不仅要指出希望对方掌握哪些工作，而且还要告知对方为什么需要这项工作。这样能够加深店员的理解。

如果事先没有认真设定培训目标，在培训中就很容易陷入唯心主义，动辄摆出一副说教的架势。另外，如果经营者为店员们设定了培训目标，店员也可以进行自学。他们会注意观察老员工的动作举止，模仿老员工的谈吐措辞等。这样，员工就能很快领会培训内容，省却很多人力与时间。并且，只要设定了正确的培训目标，无论培训方法如何，都能在一定程度上取得成效。

例如，对于一个“无论如何都对培训感到头疼”的店长来说，如果按照表 18－1 所示的“操作确认书”对各项工作进行确认，也能取得一定程度的培训效果。这个样表是针对新录用的正式员工以及新雇用的临时工制定的，大家可在告知店员培训目标的同时，将此确认书发给他们，供其每天确认工作使用。

这样经过一段时间之后，接下来将由店长根据此确认书对员工的操作进行确认。一旦发现不规范的操作，即可告知员工，促使其向目标靠近。这种做法的好处在于可以促使员工主动要求“请教我做○○工作”，在提高员工的主动性方面效果显著。

表 18－1　操作确认书

下列操作你全部掌握了吗

□你知道出勤时如何停车吗？
□你知道出勤时如何进店吗？
□你知道如何正确穿着制服吗？
□你知道如何打卡吗？
□你记住所有物品的名称了吗？
□你知道如何开始营业吗？
□你知道如何打开电源开关吗？
□你知道如何打扫卫生间吗？
□你会补充厕纸吗？
□你知道如何擦拭窗玻璃吗？
□你知道如何打扫地面吗？
□你知道如何操作收款机吗？
□你知道如何放置零钱吗？
□你知道如何补充冰箱吗？
□你记住如何调节空调了吗？
□你记住如何使用有线广播了吗？
□你会更换垃圾袋吗？
□你知道如何打扫停车场吗？
□你知道如何给花木浇水吗？
□你没有涂指甲油吧？
□你没有喋喋不休地说个没完吧？
□你的头发扎起来了吗？
□你记住如何摆放餐桌上的物品了吗？
□你掌握了正确的端托盘方式了吗？
□你掌握各项服务操作了吗？
□你记住如何迎接顾客了吗？
□你知道如何为顾客领位吗？
□你知道如何上冰水与湿毛巾吗？
□你记住如何接受顾客的点餐了吗？
□你掌握了商品的介绍方法了吗？
□你知道如何接受追加的订单吗？
□你知道如何撤收餐盘吗？
□餐桌擦干净了吗？
□餐中服务没问题吗？
□你知道如何添加冰水吗？

（续表）

□你知道如何更换烟灰缸吗？ □你能做到顾客招呼时立即行动吗？ □你知道如何送别顾客吗？ □你对顾客照顾得周到吗？ □你会打生啤酒吗？ □你会制作咖啡吗？ □你会冲泡红茶吗？ □你知道如何更换生啤酒的杯子吗？ □你知道如何更换生啤酒的碳酸吗？	□你会制作果汁吗？ □你知道如何上蛋糕吗？ □你在月末提交出勤时间申报表了吗？ □你知道休息需征得领导批准吗？ □你知道如何整理制服吗？ □你知道下班之前要做些什么吗？ □你按照工作时间表进行工作了吗？ □你记住本“操作确认书”的所有规则了吗？

第二节　教育培训的技巧

——临时工也应认真加以培训

尽管“操作确认书”也具有一定的培训效果，但是要想让员工的素质得到较快的提高，还需要下面一些技巧。

首先，在确定培训目标后，还应确定具体需要培训的项目，如“物品放置场所的培训”、“商品知识的培训”等。“操作确认书”的制作也是如此，必须在脑海中想象出店员们一天的工作。当然，大家不必制作得如同表 18－1 那样详细，但是如果考虑得比较笼统，就可能遗漏某些项目。

同时，建议大家制定时间表，确定每个项目需要学习的天数。由于教育培训的内容不同，所以学习所需的时间也不同，并且教授人员也有时间上的限制，因此要在仔细斟酌这些情况的基础上制定时间表。

每项学习需要花费的时间并无定规，因为即使学习内容相同，不同的人员进行教授所花费的时间也不同。我们没有必要神经质般事无巨细地制定全部细化到分钟的时间表，但是为了避免实际花费的时间与计划花费的时间出现巨大差距，最好列出具体的学习内容。

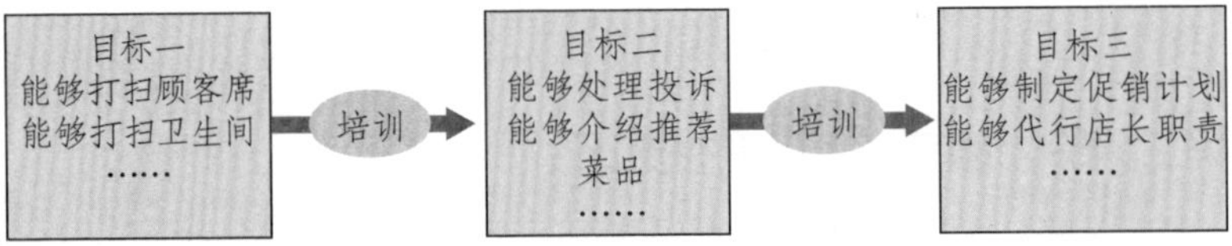

图 18－2　新员工培训课程安排

如图 18－2 所示的“新员工培训课程安排”是针对新录用的正式员工以及新聘用的临时工所制定的培训时间表，其目的在于让新录用的人员学习从事店员工作的基础知识。为了让接受培训的人尽快以一名店员的身份开展工作，所以表中制定的学习时间为一周。然而，如果是较为成熟的员工培训计划，通常需要花费数月时间。

表 18－2　新员工培训课程安排

	课程名称	内　　容
1	餐饮业需要什么样的人	本店需要什么样的人？
2	什么是公司（或者什么是店铺）	公司（或店铺）通常是指什么？ 对公司（或店铺）的体系进行介绍。

（续表）

	课程名称	内　容
3	本公司的基本情况 （店铺的基本情况）	本公司的经营理念、组织机构、规章制定 （就业规程、服务规定）（社长的姓名等）。
4	什么是组织	上司与部下的关系（指示、命令、报告、联络、商谈的方式、沟通、团队合作）。
5	店铺理念与 QSC	关于店铺理念、关于 QSC（品质、服务、卫生）。
6	店铺的基本数值	学习简单的损益计算表。
7	专业用语	本店的业务用语、专业用语，物品的名称、场所的名称。
8	前堂的工作	开店准备工作、从顾客来店到顾客离开期间的操作、闭店操作。
9	后厨的工作	开店准备工作、顾客点餐后到上菜之间的工作、闭店操作。
10	背记商品	商品介绍、简称、价格。
11	店长的工作 大厅领班的工作 厨师长的工作	了解总部的工作以及自己的职责等。
12	总部的工作	如果未设置总部，则介绍社长的工作以及店铺之外的工作、法律相关事务、报税工作等。
13	你的工作是什么	店铺每天、每年是如何运作的？ 你的工作是什么？
14	店铺巡查	连锁店设此机构，巡回检查各个店铺。

注：每一讲以 2 小时为限，根据公司或店里的实际情况决定每天上几节课。

“临时工不需要如此正规的培训”，或许有人这样认为。然而在顾客看来，所谓临时工、小时工、正式员工等不同店员的区分与他们无关。对于正式员工较少的店铺而言，由于临时工、小时工等处于顾客接待服务的最前沿，因此更需要接受足够的教育培训。

培训时间表制定完成后就可暂且松口气了。至于培训方法，既可将培训内容汇总为书面资料发给店员，进行学校那种课程讲授，也可使用口头形式进行传授。教师通常由店长担任，也可以是店主或者资历较深的正式员工。假如店长是服务生出身，那么由他教授烹饪技术显然不太合适。

此外，还可委托外部人员担任教员。例如，如果委托食材供应商、厨房器械公司的销售员等讲授“食材基础知识”、“厨房器械的使用方法”等课程，就能比较详细地了解相关知识，提高店员们的知识水平与能力。

由店内人员进行相关知识的讲授时，无论如何都会受到人际关系的影响。外部人员则不存在这种问题，店员们能在学习时不附带任何成见。除此之外，店长或店主也能借机检验一下自己所掌握的专业知识。

此外，也可邀请自己熟悉的其他店的店长进行讲授，这样转换一下视角也很有趣。至于卫生管理方面的相关知识，只要电话联系当地的保健所，他们就能承担这方面的培训工作。由于备有适当的相关教材，保健所的培训效果往往会超出你的预料。

上述培训课程结束之后，大家可以检查一下自己哪些项目的理解尚不充分，然后在此基础上制定新的培训计划。如此反复操作，直到员工的各方面素质无限接近目标。

第三节　店长的培养

——将店铺交给店长候选人管理一周

经营者必须培养新的店长，使其成为自己的得力助手。假如店长的能力能在一朝一夕之间练就，那当然再好不过，但是现实中并非如此简单。建议大家尽早开始着手店长的培养工作。

店长的培养可通过与店员培训同样的方式进行。要成为店长，不仅需要具备多方面的知识，而且还必须具备敏锐的经营嗅觉以及领导能力。另外，接手店铺管理时，如何将学到的知识应用到实际管理上，也是很有难度的一件事情。

因此，经营者在店长的培养过程中最好采取这样的方式：在一定时期内，将一部分店长业务交给店长候选人去做；或者店长索性休息一周，在这段时间内将所有的店长业务全部交给店长候选人，然后通过这种做法检测店长候选人的能力。为此，我们需要事先梳理一下店长的职责所在。

店长的职责大致可分为九个部分：

理念管理

对店铺形象的维护与管理。

设备与资产管理

防止店铺设施及其他资产的减少与损失（从一根牙签、一张餐巾纸直到餐具在内的所有物品均包括在内；保洁工作也包含在这一项目之内）。

商品管理

对商品的味道、质量、成本等进行管理。

员工管理

从员工的录用到辞退时的相关管理（主要业务为日常的工作时间管理）。

顾客管理

开拓新顾客，维系老顾客（包括接待服务）。

商圈管理

了解竞争对手的变化，采取应对措施（收集附近住宅的建筑状况、交通量的变化、地区内大型活动等相关信息）。

供货商管理

与供货商进行谈判、加强关系等。

运营管理

按照计划保证店铺的顺利运营（包括停水、大雨、大雪等导致的店铺突发事件的处理）。

销售管理

销售目标、利润目标的设定与实现（包括账单的整理等事务）。

这些业务并不是各自独立的。商品管理与供货商管理之间存在着密切的联系。商圈管理在得到店员配合的情况下效率较高，因此与员工管理之间存在着联系。

店长候选人不应将目光局限在一种业务上，而是应该均衡地学习、掌握各种业务知识。反过来说，各方面发展均衡的人，比较具有成为店长的潜质。

第十九章
营业形态的调整
——准确把握不同时段的营业状况

所谓营业形态，是指营业时间、顾客接待方式、厨房的运营方式等。对不同时段的营业形态进行检查，将其转变为效率更高的经营形态，提高销售额与利润，就能使店铺更加强大起来。

例如，从营业时间来看，或许存在着这样两种时间段：一种是店铺营业但是销售额很少；另一种是有潜在顾客但是店铺不营业。如果对营业时间进行调整，比如在销售额很少的时段索性停止营业，在存在着潜在顾客的深夜时段延长营业等，就有可能大幅度提高销售额。

在清扫工作、准备工作、顾客接待方式等方面，只要摒弃一些固有的观念，比如“这项工作应该在这个时段进行”、“必须采用惯常的顾客接待方式”等，就有可能发现比较高效的工作方法与营业时段。

在厨房的运营体系方面，只要区分出空闲时段与高峰时段，在不同时段对人员配置以及操作台的位置稍作调整，就有可能大幅提高工作效率。

在判断营业形态是否适合方面，营业日报的作用不可或缺。并且，通过制作营业日报，把握日常的营业数据，还能确认营业形态的改善效果。建议大家认真制作营业日报，努力完善营业形态。

第一节　营业时间的调整

——以“销售额是否达到固定费用的4倍”为标准

我们应该着手调整营业时间。

首先检验一下午餐时段、晚餐时段等是否盈利，然后对营业时间、开店时间、闭店时间等是否应该保持现状进行探讨。要加强店铺营业但是销售额较少的时段的销售工作，如果情况难以改善则应停止营业。与此相反，存在潜在顾客的时段要考虑开始营业。这是调整营业时间的基本思路。

判断某个时间段是否属于销售薄弱时段，可以将每小时的销售额与每小时固定费用（日均固定费用÷日均营业时间）的4倍数值进行比较。之所以与固定费用的4倍数值进行比较，是因为固定费用控制在销售额的

25%之内是餐饮店较为理想的经营状态。与此相反，销售额低于固定费用4倍的时间段可看作是“销售薄弱时段”。

从一整天的销售来看，一般而言，销售额超过固定费用4倍的店铺，其高峰时段的销售额大多高达固定费用的10倍。如果将营业时间详细划分为不同的时间段进行观察，就会发现上述店铺也存在着一定的“销售薄弱时段”。所以建议大家首先考虑如何加强这些时段的销售工作。

具体说来，推出限时优惠菜谱、发放限时使用的优惠券等，都是招揽顾客的有效手段。

在美国的餐饮店中，在特定的时间段内对部分商品实行优惠的营业形态极为常见。这种时间段被称为“Happy Hour”（快乐时间），用以聚集店铺的人气。在日本，被称为“居酒屋”的酒馆等采用限时优惠作为促销的手段，这种促销方式想必也会扩展到其他餐饮店。

例如，西餐店通常在下午5点开始晚餐时段的营业。但是，顾客一般是在下午6点之后来店。为了提高下午6点之前的营业额，大家可将下午5点至6点之间的时间段划分出来，在此时段内提供优惠套餐。

另外，在销售高峰时段与低谷时段，稍微改变一下菜谱或服务内容也很有收益。例如，内部装修较为时尚的居酒屋可以采用下面这种销售方式：在晚餐时段销售套餐吸引情侣光顾，然后在稍晚的时段更换为酒吧式的菜谱，招揽多人结伴而来的团体顾客。

如果某个时段经过一番努力仍然没有成效，该时段的销售额仅够支付人力成本，则应考虑在该时段停止营业。“只要有一位顾客光顾，就要尽量开店营业”——这种心情可以理解，但是从经营角度来看效率太低。

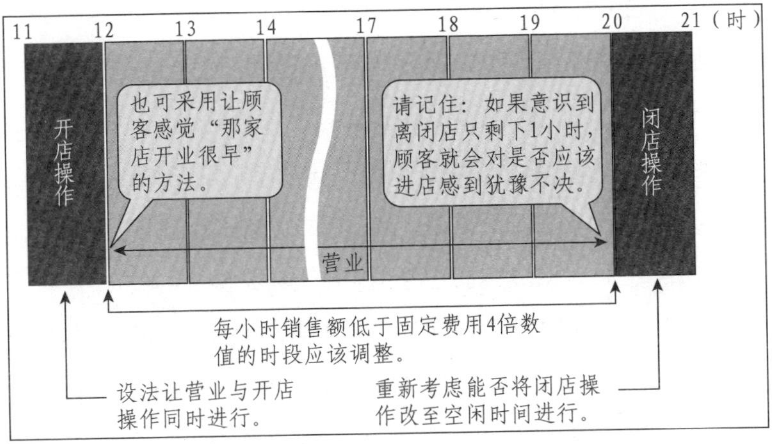

图 19－1　营业时间的调整要点

延长营业时间之前，要向店员进行说明

除了加强薄弱时段的销售之外，请大家同时考虑一下此前不营业的时段是否具有营业的可能。与竞争对手相比，只要提前 30 分钟开店，或者推迟 30 分钟闭店，就可能收到意想不到的效果。

这是因为，顾客实际上通常并不记得餐馆的准确营业时间。即使是多次光顾的餐馆，通常也极少有人能够清楚地记得该店从几点到几点营业。

于是，我们就可以顺势利用这一点。也就是说，通过延长营业时间，让顾客产生这样一种直觉："那家店好像开店比较早（闭店比较晚），就去那家吧。"当然，为了给顾客留下营业时间较长的印象，建议大家在店内各处张贴一些"〇点开业！"之类的贴纸广告。这种宣传营业时间的贴纸广告不仅要张贴在店外，而且还要张贴在店内，通常以顾客就餐席位看到为宜。

闭店时间尤其需要进行探讨。因为对于餐饮店而言，通常在闭店 1 小时之前就不再有顾客光顾。这种现象可以根据顾客的心理进行推断：当顾客意识到只能逗留 1 小时之后，就会对是否进店感到犹豫不决。

如果经营者意识不到这个问题，就可能轻易作出这样的判断："晚上 8 点左右顾客就很少光顾了，因此 9 点闭店应该没错。"但实际上，或许有很多顾客来到店前又掉头返回了。

在这个问题上，建议大家不要只看到实际进店的顾客数量，而是要对顾客的真实意见以及周围餐饮店的顾客数量进行调查，对是否需要推迟闭店时间进行探讨。

如果将营业时间只是延长 30 分钟尚且无妨，但是，如果将营业时间延长两三个小时，就可能影响员工们的士气。因为餐饮业原本就有很多店铺要求店员从事长时间的劳动，因此，很可能会有正式员工感到不满，觉得“太麻烦”。

所以，在付诸实施之前，应该首先在正式员工之间统一思想，努力用下面的方式说服大家：比如“店铺面临的形势严峻，请大家一定给予协助”、“如果营业时间的扩展取得成功，就会增加工资”等。否则，如果店员在工作中感到勉为其难，服务水平与菜肴质量就会下降，对于店铺来说只能适得其反。因此，一定要注意统一思想。

在每周不同的日子里采用不同的营业时间也可提高工作效率。这种思路就是在平日采用通常的营业时间，而在销售额较高的周六、周日以及节日的前一天延长营业时间。对于这种营业方式而言，重要的是在一开始就让顾客对这种营业方式有所了解。

在调整营业时间的同时，建议大家对固定休息日也作出调整。在某些情况下，或许还需要视店员能力的增长情况取消固定休息日，改为全年营业。与此同时，店铺需要相应地增加员工人数，保证员工们每周休息两天。这样对劳动条件加以改善之后，员工们想必就会干劲十足。再进一步，某些情况下甚至可以考虑 24 小时营业。提起 24 小时营业，或许有人认为那是不可能的事情，但实际上，这种营业方式的基本做法其实就是 8 小时工作 3 班倒。与店员必须每天工作 10 小时甚至 12

小时的白天营业的店铺相比，24 小时营业的店铺反而要轻松许多。

提高开店前与闭店后的工作效率

在调整营业时间的同时，提高开店前准备工作与闭店后工作的效率也很重要。

首先，在开店操作方面，准备工作与营业同时进行是一种比较高效的操作方式。

例如某个咖啡店将之前的开店准备时间改为营业时间。就是在准备烹制简单食品的同时，为顾客提供咖啡且只限咖啡。当然，这需要顾客明确表示只需提供咖啡，并且店铺必须在前一天闭店后清扫完毕。

这样做的结果是这家咖啡店的顾客量实现了很多增长。由于人力费用与之前相差无几，因此利润得到了显著增长。准备工作与销售额本来就没有直接关系，但是这里却为销售额的增长作出了贡献。

此外，店铺刚开始营业的时候，最好使用微波炉加热湿毛巾，而不是使用湿毛巾加热器。这样就可以在店铺营业之后，再预热加热器。

另外，如果是咖啡店，也可在刚开始营业的一段时间内以自助服务的形式销售咖啡，其间进行食品烹制的准备工作。如果店铺面积较大，可首先打扫一半就餐席位开始营业，剩余的一半边营业边打扫。

另外，还要对以清扫为中心的闭店操作进行调整，以节省不必要的人力成本。某个外资餐饮店将厨房器械的清洁时间由闭店后改为空闲时间，结果降低了人力成本。厨房器械的清洁工作通常安排在闭店之后，但是，请大家问一问自己："这种工作真的只能安排在闭店之后进行吗？"

收款机的关机结算也可在固定的空闲时段进行。另外值得一提的是夜间存款业务。由于最近经常发生盗窃事件，因此与其深夜赶到存款机那里去存款，还不如暂且保存在店里，待次日再去存款。这样做不仅安全，而且省却了不少麻烦。

营业日报的填写工作也可在次日空闲时段进行。这样店员就可以早些下班，因此想必也会对营业时间的调整表示支持。

第二节　顾客接待方式的调整

——接触顾客的次数是否合适

顾客接待方式，也可以说是顾客接待的次数。在快餐店那种自助服务的餐馆，顾客接待的次数基本上是一次。但如果是高级餐馆，顾客接待的次数则高达十几次：顾客进店时的迎接、领位、提供冰水及湿毛巾等初级服务、出示菜谱、针对酒水的首次点餐……

顾客接待次数视店铺的理念而定。那么，是不是接待次数越多，顾客就会感觉服务越好呢？其实未必如此。请大家在这个问题上不要产生误解。建议大家站在顾客的立场上，对接待步骤进行逐一审核，以确认其是否真的必要。

例如领位服务，这项服务果真是必不可少的吗？即使是在领位服务被视为惯例的家庭聚餐型餐馆，顾客也有可能将此项服务视为麻烦，希望能够允许自己选择喜欢的座位。“请你选择自己喜欢的席位就座。”——或许这样的话更能博得顾客的欢心。当然，如果顾客在高峰时段1个人占用了4人餐桌，就会导致座位周转率的下降。因此大家应该在不同的时段选取不同的顾客接待方式，例如领位服务只能在高峰时段提供。

与营业时间相同，如果对不同时段的顾客接待次数进行确认，就会发现部分时间段的接待效率还可提高。即使是饭后甜点，不同的时段也可选择不同的上菜方式：如果是比较悠闲的时段，应该在餐桌收拾完毕后再为顾客端来甜点；如果是高峰时段，则可在上甜点的同时收拾餐桌上的餐盘。只要做到这一点，店员在高峰时段的负担就能减轻许多。

在日本，很多餐饮店似乎喜欢将家庭聚餐型餐馆视为服务样本，希望大家还是改变这种观念。家庭聚餐型餐馆的确引领了日本餐饮业界的发展，但是，我们并不能因此盲目地认为所有的餐馆必须提供领位服务。考虑这种问题时应该从这种角度出发：那就是自己的店铺是否需要。

与此相反，如果希望提高店铺的服务水平，那么也可考虑增加顾客的接待次数。只是这里需要再次提醒大家：即使增加接待次数，也并不意味着服务水平一定会得到提高。并且如果可能的话，最好尽量不增加人手。

因此，大家可以暂且在空闲时段，并且只限空闲时段，试着增加顾客的接待次数。这样做不仅可以观察顾客的反应，而且能够了解店员工作量的增加程度，以此作为该措施推广到其他时段的参考。

第三节　厨房的调整

——按照不同的时段调整厨房内物品的布局

厨房运营系统的调整要点归根结底还是“时间段”。调整的要领在于明确区分空闲时段的运营系统和高峰时段的运营系统，并对其内容加以改变。

厨房可分为仓库、配菜台、操作台、洗碗池、出菜口等功能区。一般而言，餐饮店在摆放厨房器械、备品时，所考虑的大多是高峰时段，是以多个店员分担某一工作岗位为前提的。因此，我们需要在高峰时段结束之后稍加调整，以保证在人手较少的空闲时段也能正常工作。

这里的有效工具是橱柜或手推车。如果事先在操作台上方做好橱柜，将菜肴烹制所需的物品摆放在这里，那么即使人手较少，也不需要增加额外的操作。另外，将准备好的食材放置在手推车上，操作起来也会简便一些。还有，冰箱和煤气灶也是可以移动几十厘米的。不要小看这几十厘米，只要移动几十厘米，操作效率就能提高很多。

建议大家也要考虑一下高峰时段的操作效率能否提高。例如，如果多准备一些餐具，即可将洗碗工作推迟到后面再做。在高峰时段，全体人员进行菜肴烹制工作，待洗餐具则可在高峰时段结束之后由大家一起来收拾。

经营者也可询问店员希望对哪些部分加以改善。不过，店员们即使最初感到操作不便，习惯之后往往也能熟练地进行操作。因此，即使店员回答“没什么大问题”时，也不能掉以轻心。

另外，对于那些能够给工作带来便利的厨房器械，建议大家不要吝惜金钱。如果这些厨房器械能够加快上菜的速度，或者能够削减人力支出，那么花钱购置也是值得的。

第四节 店铺管理的完善

——有效利用营业日报

在辨别营业形态是否合适方面，营业日报不可或缺。另外，填写营业日报本身就是店铺运营系统中的一项工作。对日常经营数据的掌握，关系到营业形态的完善。

下面，我们将利用表19－1为大家介绍营业日报的填写方法。营业日报的形式多种多样，这里使用的是计算“累计值”，类似损益计算表形式的日报。

首先，月初能够完成的填写工作尽量在月初解决。月初能够完成的工作之一是填写销售目标，即制定当月的销售目标，除以当月的营业天数，然后综合考虑每周不同日期的招揽顾客能力，填写“本日销售目标”。“销售目标累计”则是自月初开始直到当日的销售目标合计值。

人力费用与各项经费中也有月初填写的栏目，这就是能源费用与正式员工人力费用（即固定人力费用）。电费在使用冷暖空调时期将会升高，但是从整体来看，能源费用金额不会有很大的变化。因此我们可以直接填写前月的能源费，然后根据这个数值计算出日均能源费。

表19－1 填写营业日报

●旨在发现问题的营业日报

			填表人	月　日　星期
A	本月销售目标	首先设定目标	本日天气	地区活动/促销活动
B	本日销售目标			
C	截至本日的销售目标累计			

●销售额

	不同时段的销售额	销售额	顾客数量	顾客人均消费
	：　～　：	按照不同时段填写 根据需要增加栏目		
	：　～　：			
	：　～　：			
	：　～　：			
	：　～　：			
F	本日销售额合计			
G	截至本日的销售额累计			
H	累计完成率	%		

●人力费用

		金额	所占销售额比率
J	截至本日的固定人力费用	根据工作时间表计算填写	
K	截至本日的临时工人力费用		
M	截至本日的人力费用合计		

※固定人力费用＝日均固定人力费用×截至本日的营业天数

●采购

		金额	所占销售额比率
	本日采购	←根据采购账本填写	
P	截至本日的采购累计		

※采购额按照发票数额填写。现金采购部分请填写右表。

●其他经费

		金额	所占销售额比率
Q	截至本日的能源费用	根据右侧经费栏填写	
R	现金购入品费用累计（右表合计）		
S	其他可变费用累计		
T	截至本日的总部费用		
U	截至本日的房租		
V	其他截至本日的固定费用		

W	截至本日的经费合计		
Y	截至本日的利润		

注：经费合计（W）＝M+P+Q+S+T+U+V

	每月固定人力费用	
j	本月日均人力费用	
	前月能源费用	
q	本月日均能源费用	
	每月总部费用	
t	本月日均总部费用	
	本月房租	
u	本月日均房租	
	其他本月固定费用	
v	日均固定费用	

本月现金购入品（食材、消耗品等）	金额
填写用小额现金进行的采购、特别支出、维修费等	
合计	

●本日日记　（填写销售额增减的原因、促销活动的影响等销售结果分析）

人力费用也是如此。我们可以将正式员工的工资总额填入“本月固定人力费用”，然后除以营业日数，计算出日均固定人力费用。“截至本日的固定人力费用”，就是用前面的日均固定人力费用，乘以截至本日为止的营业日数所得的数值。如果在月初将这些数值一次性填写完毕，那么每天的填写工作就会轻松很多。

接下来将是每天的填写工作。首先填写不同时段的销售额，然后根据工作时间表计算出临时工、小时工的人力费用填入表中。

然后是成本。如果希望得到精确的成本，则需每天进行盘点，计算出实际使用的食材价格。但在现实中很难做到如此，因此我们在这里代之以采购价格。只是请大家不要忘记在月末进行认真的盘点，以掌握准确的成本。

然后是各项经费栏。在小额现金购置物品的支出（例如购买一个烟灰缸等）的基础上，加上能源费用等，计算出各项经费合计的累计值。

如果营业日报中未设置“累计值”一项，就无法准确地把握收益状况。假如只查看一天的数字，就会出现这种现象：采购量大的日子显示亏损，采购量小的日子显示盈利。因此为了正确把握日常营业状况，建议大家采用这种附有“累计值”的营业日报。

表 19－2　营业日报的填写方式

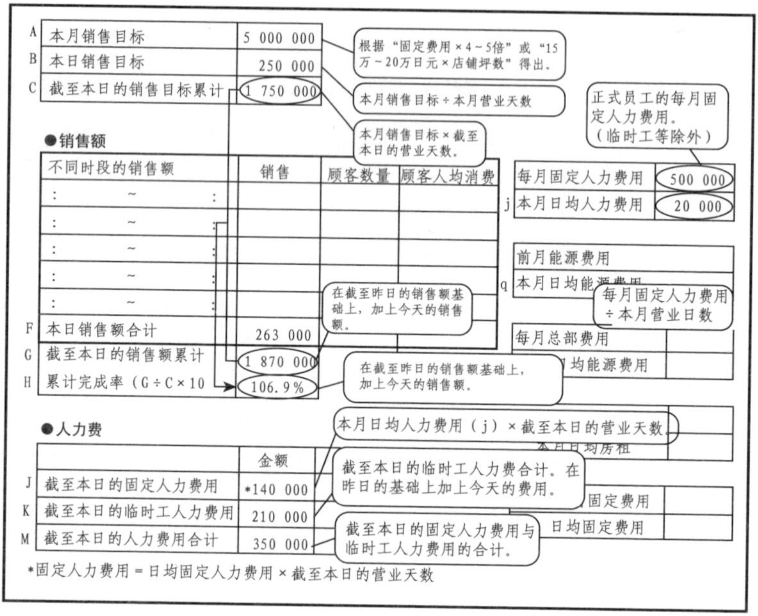

第二十章
操作规程的完善
——有效利用“供人填写的操作规程”

开业半年之后，当初制作的操作规程大多已不再适应现在的店铺运营。大家整日忙忙碌碌，对于这些与现实脱节的操作规程，想必很多店铺都无暇顾及。这些偏差如果得不到修正，必将妨碍店铺的正常运营。因此，建议大家首先对店铺运营的操作规程进行修订与完善。

现有的操作规程或许是经营者在开业之前，参考实习过的店铺，或者朋友的店铺而制定的，归根结底只是“临时的操作规程”而已。并且对于某些店铺而言，操作规程的细节部分尚未得到充实，其内容也只是一些说教性的东西。这些问题都需要进行整改，以便操作规程能够与现实的店铺运营情况相符，如图 20－1 所示。

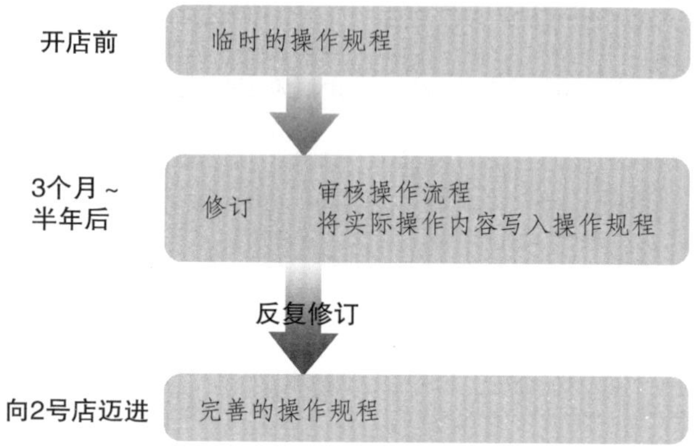

图 20－1　操作规程的演变

另外，操作规程应该收录各个方面的内容，并且其内容应该尽量详细。但是在日常工作中，这种厚厚的操作规程并不实用。因此建议大家将要点提炼出来，制作便览式的操作手册。

还有，要想按照操作规程的规定推进各项工作，建议大家使用各种工作表。例如，如果操作规程只是规定“顾客意见较多的事项须立即加以解决”，店员就会对具体如何处理投诉、其间应遵循哪些程序不得而知。如果操作规程能够细化到如此地步固然很好，但是与语言相比，有些时候工作表更有利于意思的传达，且便于店员妥善处理各项工作事务。也可以说工作表是一种“供人填写的操作规程”。

第一节 操作规程的修订

——每半年就会有内容偏差，修订前要做“操作评价”

首先需要进行的是操作规程的修订。例如，现实中可能存在着这样的情形：操作过程上规定“使用托盘每次端3个盘子”，但实际操作却发现，托盘上最多只能容纳2个盘子；垃圾箱的位置不太合理；开店之前所预测的店员的动线与实际动线不符等等。还有，虽然操作规程上规定“垃圾积存到一半就要丢弃”，但却没有规定积存到垃圾箱的哪个具体位置。这种情况也需补充到操作过程里。

厨房器械等的操作方式也需进行检测。例如，按照厂家的说明书，烹炸食品的油锅大致应该在“烹制食品的30分钟前”接通电源。但在实际操作中却可能发现，在40分钟前接通电源较为适宜。由于这些情况取决于厨房器械的设置方式与周围环境，因此这些误差也应在操作过程中有所反映。

“即使不修改操作规程，脑子也能记住，因此没有必要修改操作规程。”或许有人会这样想。但是，这种想法并不正确。在对临时工、小时工或正式员工等进行人员调整之时，详细的操作规程能够省却培训新人的许多麻烦。

另外，店长们或许没有意识到的是：由于临时工自身也能开动脑筋努力工作，因此如果将操作规程明文规定下来，这些技术信息就能让全体店员共享。

在设立 2 号店时，如果制定了较为完善的操作规程，开店过程也会比较顺利。 假如大家能够从现在开始认识到操作规程的重要性，并养成定期修订操作规程的习惯，将会对未来大有裨益。

不过，要想制定完善的操作规程，仅仅就其与现实之间的偏差进行修订还是不够的。 如果现实工作的效率不高，内容不妥，那么按照这种工作实际对操作规程进行修订将不具有任何意义。

因此，在对操作规程进行修订之前，一定要对工作流程进行事先审核。 这种情况下建议大家使用“店铺基本情况检查表”，如表 20－1 所示。 各个店可根据自己的实际情况添加或变更检查项目，但就一般的店铺而言，这些项目已经足矣。

表 20－1　店铺基本情况检查表（基本情况检查 100 项）

分 3 个档次进行评价并打分。这些项目均需为满分。
定期检查，未得到满分的项目需加强工作。
▼做得很好 =1 分　▼满足最低要求 =0 分　▼存在不足 = －2 分

●关于店铺（店铺整体、硬件方面）		●关于服务与店员（态度、行为、知识、技术、谈吐等）	
检查项目	评价	检查项目	评价
1 入口附近的道路也要打扫干净。		1 全体店员精神饱满。	
2 招牌没有损坏之处，文字没有模糊不清的情况。		2 鞋子符合有关规定，擦拭得很整洁。	
3 墙壁没有污损，店铺外观整洁。		3 制服始终保持整洁，无脏污。	
4 入户门清理得很干净。		4 不留长指甲。	
5 大门口没有掉落的垃圾，看上去很清洁。		5 谈吐礼貌，活泼开朗。	
6 入口、店内的灯泡没有破损。		6 被叫后清楚应答。	
7 停车场也定期打扫，没有垃圾。		7 严格执行洗手规定。	

（续表）

●关于店铺（店铺整体、硬件方面）		●关于服务与店员（态度、行为、知识、技术、谈吐等）	
检查项目	评价	检查项目	评价
8 陈列柜干净整洁，样品无污损。		8 具有随时收拾、整理物品的习惯。	
9 椅子上、餐桌下无垃圾、灰尘。		9 掌握了顾客的迎接方法。	
10 店内外无蜘蛛网。		10 很快注意到进店的新客人并及时应对。	
11 没有害虫。		11 掌握了受理点餐的正确方法。	
12 坐垫无脏污。		12 掌握了上菜时的端菜方法。	
13 装饰品经过整理，无灰尘。		13 能够快速操作收款机，避免顾客等待。	
14 墙壁、玻璃窗擦拭得很干净。		14 掌握了结账的正确顺序。	
15 卫生间的备品经过补充。		15 掌握了送别顾客的方式。	
16 公用电话使用正常，经过擦拭。		16 掌握了更换烟灰缸的正确方法。	
17 收款机周围收拾得很整齐。		17 掌握了扫除的方法，能够迅速打扫干净。	
18 店内贴纸、广告无污损。		18 随时注意照料顾客。	
19 空调相对于每个座位都同样发挥作用。		19 能够对商品进行详细介绍。	
20 伞架擦拭得很干净。		20 能够对营业时间、场所、店铺等内容进行说明。	
21 盆栽、观叶植物等经过修剪。		21 了解店铺以及公司的规则。	
22 餐桌、椅子等没有松动现象。		22 掌握了入口周边及陈列柜的装饰技术。	
23 后门处无垃圾。		23 行动敏捷，不私下耳语。	
24 后门处的门扇也擦拭得很干净。		24 时常留意备品等的收拾与整理工作。	
25 仓库收拾得很整齐。		25 了解照明、空调等的操作方法，能够实际操作。	
小计		小计	
●与商品有关的事物（厨房、商品）		●店铺运营	
检查项目	评价	检查项目	评价
1 定期品尝所有的商品，确认其味道。		1 遵守开店时间。	
2 菜量始终保持一定的水平，不忽多忽少。		2 开店时不存在未来得及准备的事项。	
3 商品温度合适。		3 店员配置合理。	
4 菜肴的上菜时间恰当，符合规定。		4 餐桌上的酱油、辣椒油等调味料盒始终保持整洁。	
5 针对同一群顾客，保证同时提供商品。		5 菜谱无脏污。	
6 装盘方式美观大方。		6 店长不断发出指示。	
7 对购入的食材的味道经常进行确认。		7 店员按照店长的指示行事。	
8 经常确认顾客所用食品的剩余情况。		8 定期检查卫生间。	

（续表）

●关于店铺（店铺整体、硬件方面）		●关于服务与店员（态度、行为、知识、技术、谈吐等）	
检查项目	评价	检查项目	评价
9 餐具无脏污，无破损。		9 桌布经常清洗，始终保持清洁。	
10 对食材及准备烹制的食品的温度管理到位。		10 考虑好员工紧急请假时的应对措施。	
11 采购量适当，既不短缺也不浪费。		11 认真制定了候餐顾客的应对方法。	
12 冰箱、冷库的温度符合规定。		12 制定有雨伞等顾客遗忘物品的处理措施。	
13 厨房中没有出现故障未加维修的器械。		13 制定预约受理的操作规程，按其规定进行操作。	
14 每个菜都是认真制作的。		14 明确钱款管理的责任人，严格执行操作规则。	
15 厨房内无垃圾。		15 每天向总部（或社长）报告营业情况。	
16 菜板、刀具、抹布等均每日消毒。		16 经常思索促销方法，实施促销活动。	
17 库存量适当。		17 思考员工的培训及激励方法，并付诸实施。	
18 遵守库存品的保管天数规定。		18 每天认真举行早会。	
19 遵守先入库的物品先出库的规定。		19 员工无迟到、缺勤等现象。	
20 冰箱、冷库内经常收拾、整理。		20 顾客意见的处理迅速且方法得当。	
21 注意剩饭、垃圾箱的管理。		21 即使没有顾客，也要遵守闭店时间。	
22 厨房内经常收拾整理。		22 采取有关安全措施，预防盗窃等犯罪行为。	
23 彻底祛除厨房内的蟑螂等害虫。		23 每天填写营业日报。	
24 餐具充足，周转顺利。		24 每月对销售额进行确认，对其结果进行分析。	
25 葡萄酒等酒水饮料保存在适当的场所。		25 制定紧急情况时（火灾、地震、停电、大雪等）的应对措施。	
小计		小计	

有的店主不在店内工作，有的店铺设有总部。这种情况下，应该由店主或者总部对各项操作进行检查，并将工作评定为“1 分”、“0 分”、“-2 分”等三个档次，填写在评价栏中。检查结果要通知店长，令其在 1 周左右的时间内进行整改，然后进行再次检查。如果店长本人就是店主，则由店长作出评价并进行再次检查。

整改期间，大家可以暂且忽略操作规程。如果工作的流程在这期间得到了改善，即可将该操作方式补充进操作规程。

定期进行上述检查工作，能够使操作规程始终保持较高的水平，并与现实保持一致。

第二节　简易版操作规程

——提炼要点，制作“操作手册”

操作规程通常用于新人培训，或者对于某些问题不甚了解的场合。对于店铺而言，操作规程一般是存在的。尽管日常生活中，人们通常不需要看着法律条文生活，但是法律绝对不可或缺。操作规程也是如此。

但是，人们在日常工作中不可能整日翻阅厚厚的操作规程，因此建议大家每个月从操作规程中提炼所需的内容，制成便于携带的“操作手册”。例如，在6月份制作以卫生管理为中心的“卫生手册”，以提高防范食物中毒的意识；12月份制作的手册则以前来聚餐的顾客的接待方法为中心。当然，店员骨干、年轻的正式店员、临时工等的业务熟练程度存在着差异，前厅服务人员与后厨人员的工作内容也完全不同，因此大家应该分别制作适合自己的操作手册。

这样做不仅能够敦促自己注意操作方面的问题，提高工作效率，而且能够防范失误于未然。操作手册以记事本大小、能够装入制服口袋为宜。制作中最好使用能够更换的活页纸，这样不但便利，而且节省经费。

另外，还有一种方法是将操作规程按照一天的时间顺序进行整理，这样便可以按照规定的时间有计划地开展工作。

例如，表 20 －2 就是对前厅服务人员所需完成的开店与闭店操作要点的提炼。 该表制作简单，只要以 5 分钟为单位将营业时间进行详细划分，然后填入工作内容与负责人即可。 但是从中却可清楚地了解整个工作流程。

表 20 －2　如何了解整个工作流程

操作规程表

（每个时段的操作流程） 填报日期 1999 年 5 月 8 日（　）

分类	大堂		填表人	营业 部 运营 课　职务　店长
	开店操作规程			姓名　日经四郎

注：分类栏中，记载时间（开业、早餐、午餐、下午茶、晚餐、夜宵等）、场所、职务等事项
例如，店长的一天、大堂开业前、洗碗池的关闭……（建议在填表前做好分类）。

划分	No.	时　间	负责人	操作内容
开店前操作		9:00 ~ 9:30	吉田	停车场的清扫，捡拾垃圾。
		9:30 ~ 9:45	吉田	大门口周围的清扫，陈列柜的检查。
		9:00 ~ 9:30	铃木	打扫店内地面、椅子、餐桌。
		9:30 ~ 9:45	铃木	餐桌上调料盒的布置（补充调味品）。
		9:45 ~ 10:00	铃、吉	布置收款机周围、准备茶水、零钱、打开收款机。
		9:55 ~ 10:00	佐藤	打开店内外的电灯开关，打开空调，挑起门帘，检查全体人员的制服穿着情况。
开店后操作		10:00 ~ 10:05	全体	准备开店。
		10:00 ~ 10:05	佐藤	过滤咖啡。
		10:00 ~ 10:15	吉田	检查机器运转是否正常；检查员工们的停车情况。
		:　~　:		
		:　~　:		
		:　~　:		
		:　~　:		
		:　~　:		
		:　~　:		
		:　~　:		
		:　~　:		
		:　~　:		
		:　~　:		
		:　~　:		
		:　~　:		

另外，如果对诸如“停车场的清扫”、“大门口的清扫”等各项工作分别进行考虑，操作规程就会显得七零八落。因此，这里按照一天的时间顺序整理出操作规程，看上去感觉简练一些。

此外，这个操作规程表还可用于查看每个人一天中的工作顺序。尽管没有必要每天制表，但是自己今天需要做什么，从这个表中都可一目了然，因此这个表对于新员工而言尤其有效。

第三节　工作表的有效利用

——对顾客意见做分析，用破损登记表实现经费削减

前面已经讲过，与语言相比，很多情况下使用工具表更有利于意思的传达，且便于店员妥善处理各种工作事务。下面介绍几种常用的工作表。

顾客投诉处理报告单

假如只是当场处理顾客的投诉，问题就很难得到根本性的解决。另外，虽然操作规程明确规定“所有投诉内容必须向店长报告”，但在实际操作中，对于某些不需店长经手便能解决的问题，例如“上菜慢”、“坐席脏”等，店员们往往并不遵守报告规定，而是以一句“算了吧”打发了事。于是，顾客投诉处理报告单应运

而生。

报告单中包括投诉的受理日期、店员姓名、投诉内容、处理方法等项目，如表 20－3 所示。 受理顾客投诉的店员要在下班前填写此报告单。 这样不仅能够提高店员对顾客投诉的报告意识，而且能够查证处理方法是否得当。

表 20－3　为了实现顾客“零投诉”

顾客投诉处理报告单　　　　**填表日期：1999 年 5 月 8 日**

投诉主题	上菜慢（牛肉饼）
投诉日期	1999 年 5 月 8 日 18:40
报告人	店　职务：临时工　姓名：日经太郎
投诉人姓名	电话（　　　）
投诉人住址	
事件背景 顾客于 18:10 左右点餐，所点的牛肉饼迟迟未上菜。该顾客为两人一同来店，另一位顾客的活力肉饼早已上菜完毕。菜单及时提供给了厨房，但厨房可能是因为太忙，因而忘记了该菜单。	
处理方法 10 分钟后上菜（18:50）	最终结果 结账时向顾客道歉，并赠与优惠券。
领导意见 有必要再次提醒后厨人员。 姓名　日经次郎　印	

在此基础上，建议大家每个月对这些顾客投诉处理报告单进行归纳整理。根据顾客投诉的不同内容进行大致分类。按照投诉次数的多少进行排序。经过这样的归纳整理，顾客反映较多的问题的产生便可一目了然。然后，便可对发生次数较多的问题的产生原因进行重点查找。说起来，这种顾客投诉处理报告单的归纳整理工作类似于顾客投诉版的“ABC 分析”。

破损登记表

如同顾客投诉需逐一进行登记处理一样，餐具、备品的破损也需逐一进行登记。这种情况下要重点登记物品发生破损的具体背景。物品之所以发生破损，除了店员的粗心大意之外，厨房及顾客席位的布局存在问题也常常是重要的原因之一。追究物品发生破损的背景，有助于查明其破损原因。

顾客遗失物品登记表

很多店铺在处理顾客的遗失物品时，都只是将这些物品堆放在角落里。如果店铺规模较小，店员相对固定，那么这种处理方式或许问题不大。但是，如果是临时工、小时工等人员变动频繁的店铺，就必须对顾客的遗失物品进行认真整理。否则，遇有顾客询问之时，店方就很难及时给予答复。因此，建议大家对顾客的遗失物品进行登记处理，在登记单上注明遗失日期、发现场所、发现失物的店员姓名等项目。待返还顾客时，再记下顾客的姓名与联系地址。

另外，在对遗失物品进行处理时，最好以月为单位将遗失物品进行汇总，移交给最近的警察局。然后再将写有移交警察大意的告示张贴在收款机上。

店员登记表

这是用于记载店员履历及其在本公司内工作履历的登记表。其中店员在本公司内的工作履历非常重要。现在，很多店铺不只局限于正式员工，对于临时工、小时工等人员，也同样根据其能力与工作年限，给予提高工资与职位的待遇。然而令人感到意外的是，这些待遇提高的具体日期、金额、职位等很容易被遗忘。

为了保证店铺的顺利运营，经营者必须对店员的经历有所了解。否则，经营者就可能搞不清涨工资的具体时间，导致一些无谓的麻烦。因此，这里建议大家收集、整理好每一位员工的履历，如表 20 –4 所示。

表 20－4　店员的履历也需掌握

店员卡片

姓名	日经三郎	㊚ 女	出生年月日 1973 年 1 月 16 日	录用时间 1992 年 8 月 1 日 离职时间　　年　月　日

进入本公司后履历（岗位分配记录）

岗位分配时间	部门・职务	备　注
1992 年 8 月 1 日	大厅（服务员）	录用为临时工，时薪 750 日元
1993 年 8 月 1 日	大厅（服务员）	时薪 800 日元
1995 年 2 月 1 日	厨房（洗碗池）	根据本人要求
1997 年 8 月 1 日	厨房（烹饪）	录用为正式员工，固定工资 20 万日元
1999 年 4 月 1 日	厨房（副主任）	固定工资 23 万日元
年　月　日		
年　月　日		
年　月　日		
年　月　日		
年　月　日		

备注

第二十一章

损益计算表的完善

——消除现实与目标之间存在的差距

损益计算表的作用如同指南针。店铺生意兴隆与否是能够凭感觉感知到的，但是要想准确地把握经营现状，采取适当的措施，则离不开具体数字。毫无疑问，资产负债表也很重要，但是损益计算表能够反映出销售额与费用支出情况，与日常经营密切相关，因此对于单个店铺而言更为重要。

我想恐怕没有哪家店铺从未做过损益计算表。由于该表需要提交给税务局，因此即使自己不做，也一定会委托会计师代为制作。但是，如果全权委托会计师代为制作，经营者了解到的只能是最终作为“结果”的业绩。而我们所需要的，则是对“目标”与“结果”进行比较，并从中发现问题，探索解决的途径。因此，建议大家自己制作损益计算表。

另外，在设定目标数值时，如果毫无根据地胡乱设定，就可能在方向上误导大家。从这个角度考虑，损益计算表对于餐饮店的健全经营也是必不可少的。因此强烈建议经营者每个月自行制作损益计算表，再在此基础上制作目标损益计算表。

第一节　目标制定的基础

——根据固定费用计算出目标销售额

我们首先从制作目标损益计算表开始。目标损益计算表的制作方法多种多样，这一节将介绍最基本的方法。另外，为了能够迅速制定较为详细的营销策略，建议大家每个月均要制定损益计算表。

可变费用的内容随着经营形态的变化而变化

餐饮店的理想状态是：可变费用为60%～70%，固定费用为20%～30%，固定利润为10%。

可变费用是随销售额变化而变化的费用，包括食材费用、人力费用、水电燃气费用等。固定费用则是指房租、贷款利息、还贷费用等。正式员工的人力费用有时被视为固定费用，但是这里将其视为可变费用。然而，经营者的工资是包含在固定费用之内的。

可变费用与固定费用所占的比率，是随着经营形态、经营年数的变化而变化的。例如，如果店铺已经经营多年，设备折旧已经结束，贷款也已偿还完毕，因此不存在利息或折旧的问题，固定费用就会减少。但是，对于不属于这一范围内的众多店铺而言，尽管存在着一定的差距，但是均可考虑为“存在利息或折旧问题”。因此，无论是业绩好的店铺，还是业绩差的店铺，在制作损益计算表时，基本上都可归在“存在利息或折旧问题”的店铺范围内。

那么，我们应该按照什么样的顺序制作目标损益计算表呢？或许有人认为应该首先制定销售额的目标，有人认为最低限度也要确保人力费用，因此认为应该根据人力费用推算出其他各项费用。

这些想法都没有错。相信没有哪家店铺不制定销售目标。不过，只是一味追求销售额，在经费支出方面却是一笔糊涂账，最终导致店铺关张的情况也不鲜见。

为了建立健全的运营体系，我们在制定目标损益计算表时应该遵循正确的顺序，即在固定费用的基础上，制定销售额、可变费用、固定利润的目标。固定费用可谓名副其实，不会因为销售额的增加或是减少而发生改变，因此我们将其定为基准。

下面我们来进行具体的计算。为了便于计算，我们将可变费用的比率设定为65%，将固定费用的比率设定为25%。首先用固定费用乘以4倍，将此设定为目标销售额。这一点在前面已经讲过。也就是说，如果固定费用为每月100万日元，则目标销售额应设定为400万日元。

目标销售额设定之后，将其乘以65%即可计算出可变费用。这里得出的数字是260万日元。一般而言，人力费用与食材费用合计起来，约占销售额的50%～60%，因此我们必须在200万～240万日元的范围内支出人力费用与食材费用。如果人力费用支出较多，那么即使付出削减原材料费的代价，也要努力将可变成本控制在这一范围内。

顺便提一下，食材费用与人力费用在销售额中所占的比例在一定程度上受到经营形态的影响。如果是烤肉店这种素材提供型的经营形态，则食材费用所占比率较高。另一方面，如果顾客人均消费较高，或者烹饪、加工所需的劳力和时间较少，那么人力费用所占的比率就会较低。

另外，如果是咖啡店等的经营形态，则食材费用所占比率较低，但是人力费用所占比率较高。总而言之，不管是何种经营形态，食材费用与人力费用的合计费用均应控制在销售额的50%～60%范围之内。

最后，我们将销售额的10%，即40万日元计入固定利润留在店里。在这一过程中，我们首先根据固定费用设定销售额，然后计算出可变费用与固定利润。只要按照这个顺序进行计算，就一定能够为店里留出利润。装修店铺需要首先考虑店铺的理念，经营店铺则需要首先制定目标损益计算表，然后便是努力经营以实现自己设定的经营目标。

第二节　“目标设定”的实际操作

——采用三种方法进行计算，取最大值设定为目标

实际对照自家店铺进行考虑的时候，由于店铺用房的具体情况与贷款额度等各不相同，因此即使是经营形态与规模完全相同的店铺，其固定费用也存在着差距。因此，为保险起见，我们采取不同的方法计算出目标销售额，如图 21－1 所示。

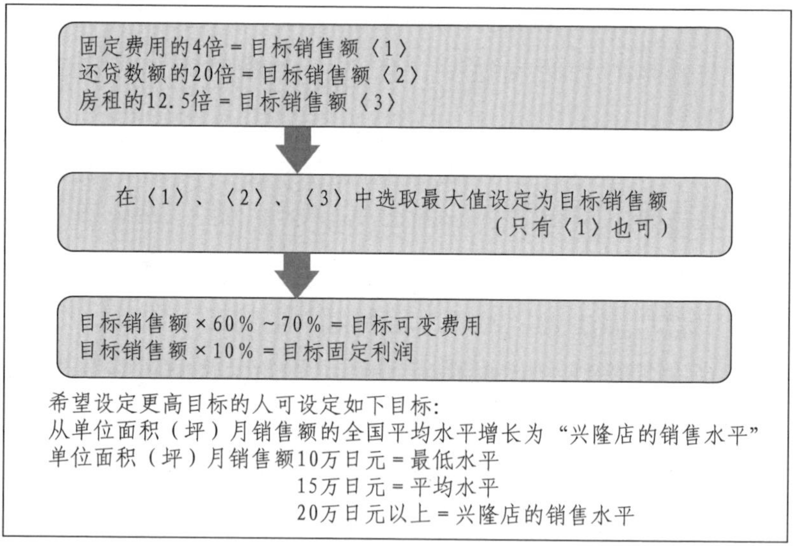

图 21－1　“目标值”的计算流程

根据贷款的还款额度进行计算

在贷款的偿还过程中，利息部分已经计算在固定费用之内，本金返还的部分则必须从税后利润中提取。 很多资金不充裕的店铺将提取的折旧费用于清偿贷款，但是这将导致折旧费提取完毕、需要购置新设备时无钱可用。 因此，建议大家在考虑偿还贷款的问题时，还是应该坚持从固定收益中提取资金。

税金通常为固定利润的一半左右。 由于固定利润占销售额的 10% 左右较为理想，因此税后利润的理想值为 5% 。 严格说来，如果还款额度在上述 5% 的范围之内，那么即使存不下钱，店铺的资金周转也不会出现问题。

因此，我们将贷款的还款额除以 0.05（也就是乘以 20），所得到的数值设定为目标销售额。 贷款总有一天会清偿完毕，之后，这 5% 的部分即可作为纯利润计入存款。

根据房租进行计算

前面已经讲过：一般而言，餐饮店的房租负担占销售额的 5% 较为理想，最大不能超过 8%（押金除外）。因此，将房租的金额除以 0.08（或者乘以 12.5），所得的数值即为最低销售目标。 即使店铺用房为本公司所有，也要参照附近的房租行情设定出房租数额。 因为在考虑开设2号店或更多分店时，如果能够始终使用自有房产固然很好，但这种情况着实罕见。考虑到将来迟早要产生的房租负担，建议大家还是现在就开始制定相应的店铺运营体系，否则会导致不必要的麻烦。

按照上面的方法可计算出两种目标销售额，再加上之前所计算出的目标销售额，便会出现3种目标销售额。建议大家将其中最大的数值设定为目标销售额。目标销售额乘以65%即为可变费用、乘以25%即为固定费用、乘以10%即为固定利润的目标值。经过这样一番计算，损益计算表的各项目标值便可谓无可挑剔了。

不过，或许某些店铺的销售额已经超过了这个目标。这样的店铺如果希望进一步提高销售额，可以店铺的面积（坪数）为基准设定销售目标。由于经营形态不同，店铺的销售额也存在着差异，但人们通常认为：每坪月均销售额10万日元为最低水平，15万日元为平均水平，20万日元以上的就是生意很兴隆的店铺了。

目标销售额的计算方式其实还有很多种，下面再简单介绍一个仅供参考。这种计算方法是将目标销售额设定为总投资额的2倍（开业1～2年内也可设定为1.5倍）。不过，如果使用的计算方法过多，只能导致思路混乱，因此大家只要了解上面3种计算方法便已经足够了。

另外，销售额越高，固定费用在销售额中所占比率越小。或许某些店铺的这一比率低于20%～30%这一理想数值，不过这绝对不是问题。前面虽然列举了可变费用、固定费用、固定利润的理想数值，但其目的归根结底还是为了建立健全的经营体系。

第三节　为了目标的实现

——提出具体的改善措施

经过前面的一系列工作，目标损益计算表已经制作完成。建议大家将其与过去的损益计算表进行比较。在过去的损益计算表中，如果希望进行月份比较，则应选取最近的月份；如果希望进行年度比较，则应选取过去一年的平均值，或者前一年相同月份的数值。当然，如果只是将这些数字摆在一起观看则没有任何意义，下面介绍两个具体进行比较的方法。

将之前的销售额与当前目标之间存在的差额进行分解

建议大家用目标销售额减去过去的实际销售额，了解一下二者之间存在的差距，然后考虑如何补足这个差额。

如果只是单纯地提出“努力实现○○○万日元的销售目标”，那么大家就会对如何实现这个目标感到茫然。而计算出这个差额之后，就可据此思考具体措施。

例如，大家可以用这个差额除以店员人数，计算出每人应该增加多少销售额。假如希望人均月销售额增加1万日元，那么或许只要积极地向顾客推销本店的推荐商品便可实现。但是如果希望增加5万日元，那么或许就需要到车站前散发促销传单了。也就是说，根据差额的大小，所采取的措施也要有所变化。

另外，大家也可考虑提高日均销售额。假设某店铺的平日销售额为1，周六为1.5，周日为2，则其每月的营业天数可换算为36个平日。用差额除以这个营业天数，就可得出每个平日所需增加的销售额。如果进一步将此差额分解到早餐、午餐、晚餐等不同时段，就可进行进一步的具体分析。

这样，将差额部分按照各种因素进行分解，就会找到努力方向，避免盲目地胡乱努力。至于将具体措施以及这些措施的思考过程整理成文时，采取什么样的格式并不重要。下面介绍的“销售目标实现表”仅供大家参考，如表21-1所示。

表 21－1　销售目标实现表

　　年　　月　制表人＿＿＿＿＿＿＿＿　制表日期　年　月　日

※每月25日前后制作下个月份的表
※每月5日前后对前月的结果进行分析

目标月营业额

日元

目标月营业额的设定方式

- 根据房租进行计算——房租为销售额的4%～8%
- 根据固定费用进行计算——固定费用的4～5倍
- 根据店铺面积进行计算——坪数×15万～20万日元

预计销售额

日元

目标与预计销售额的差

日元

为了弥补差额——按照每个条目对差额进行“分解”

①从日均销售额的角度来看
〈差额÷1个月的营业天数〉
②从顾客人均消费的角度来看
〈差额÷1个月的顾客人数〉
③从顾客人数的角度来看
〈差额÷顾客人均消费〉
④从每名店员的角度来看
〈差额÷店员人数〉
⑤从不同时段的角度来看
〈午餐：差额×午餐的销售额比率〉
〈晚餐：差额×晚餐的销售额比率〉
从其他角度进一步细化分解

●提高销售额的具体措施

No.	实施措施	目标效果	实际结果	记录（结果分析等）

建议大家在每月 25 日前后制作下个月份的“销售目标实现表”，在下下个月的月初对其作出评价与反思。这个表首先要从“月销售额目标”开始填写。

这里的“月销售额目标”，是总部（店主）与店铺（店长）就双方分别制定的目标进行讨论、调整后得出的数值。与此相对应，“预计销售额”是指不采取任何措施即可达到的销售额。“预计销售额”一栏既可填写上个月份的实际销售额，也可根据季节的忙闲程度填入相应的数字。

接下来，从“月销售额目标”中减去“预计销售额”，即可得出需要努力增加的销售额。然后如前面所述，对这个需要增加的销售额进行细化到每人、每天、每个时段的分析。在此期间考虑到的措施填入下面的“实施措施”一栏，同时还要填写每个措施预计能够实现的销售额。

然后，在下下个月填写这些措施所取得的实际业绩。大家或许很难计算出每个措施究竟带来了多少增收效果，但是最好还是要填写一个大致的数据。如果差额巨大，就要举行大规模的促销活动。

计算出可变费用的差额

“销售目标实现表”也可用于削减可变费用。对于可变费用，建议大家也同样计算出“目标”与“结果”的差额，然后据此制定相应的措施。

例如，如果希望原材料费用降低1万日元，就要尽量防止食材的浪费；如果希望电费降低 2 000 日元，就要注意随时关闭电源开关。诸如此类削减经费的问题，即使提醒店员，也不易收到成效，但是如果用损益计算表上的差额进行表示，那么这些问题就容易理解，其目标也会变得容易实现。

表 21－2 是填写损益计算表的具体示例，通过它对现状与目标进行比较后，就会对“应该通过何种努力，对哪个部分的数据进行何种程度的改善”有所了解。再进一步，大家可以利用表 21－3“目标实现表”，对具体的改善措施及其预算进行探讨。

表 21－2　损益计算表的填写示例

过去一年的月平均数

在②栏内填入相当于①栏内数字4倍的数字

成本率、人力费率大致分别为 33%、22%。这些比率也可因经营形态而发生改变。不过，二者之和应该为：成本率＋人力费用率＝55%

	现状（万日元）	%	理想（万日元）	%	差（万日元）	%
销售额	600	100	② 680	100	80	－
成本	230	38	224	33	−6	−5
人力费用	112	19	150	22	38	3
水电燃气费用	20	3	34	5	14	2
促销费用	15	3	20	3	5	1
总部费用	50	8	50		0	
房租	90	15	90		0	
利息	5	1	5		0	
折旧	10	2	10		0	
租赁费用	15	3	15		0	
其他	0	0	0		0	
固定费用总计	① 170	28	170	25	0	8
经费合计	555	93	765	90	240	3
固定利润	45	8	85	10	10	2

固定利润确保10%

由于固定费用不变，因此“理想”栏内填入同样的数额

表 21－3　目标实现表

审视现状，探索方向		具体的改善方案	改善的预算（日元）
●是否应保持现在的业种与经营形态（考虑地理位置特点与需求的变化）	店铺的改善点		
	商品的改善点		
●前提条件如何处理（区分能够改变的部分与不可改变的部分）	店铺的改善点		
	商品的改善点		
		预算合计	日元

一读就懂

吉田氏　　餐饮店成功法则

无论地理位置条件的好坏，走向成功的综合费用是相同的。

房租不能超过销售额的8%。

制定春夏秋冬等四个季节的销售战略。

举行促销活动需要『资格』。

店铺装修需遵循『大块、暖色、易打理』原则

第二十二章

有效的促销

——寻找适合目标顾客群的促销方法

为了实现前面所讲的目标销售额，有时需要采取一定的促销措施。但是，在进行促销之前，有一点需要提醒大家注意——有人觉得“销售额（顾客人数）减少了，那就搞点儿促销活动吧”。这种随随便便搞促销的想法是非常危险的。

进行促销之后，很多此前从未光顾的人也开始来店就餐。但是，如果店里提供的菜肴不够美味，或者服务质量不好，那么越是具有促销效果，店铺便会越发恶名远扬。坏消息总是转眼间就传遍大街小巷，因此促销是个关系到店铺存亡的大问题。

我再强调一遍，销售额下降时，首先应该查找原因，然后再思考对策。原因分为内部原因和外部原因。

内部原因是店铺本身的问题，如店员服务态度不好、商品类型陈旧、价格较高等。外部原因包括道路变化、出现竞争对手、当地大型企业倒闭以及以 BSE（疯牛病）为代表的不良食材的流通等。

无论属于何种情况，都应该首先解决内部问题。如果大家对菜谱、服务、卫生等此前所学的知识没有全部理解并付诸实施，就不能开展促销活动。开展促销活动需要具有相应的“资格”。“销售额明明在下降”——这种焦虑的心情可以理解，但是首先必须检查一下店铺内部是否存在不足。请大家不要搞错了问题的处理顺序。

第一节　促销的基础

——将顾客群分为四类,促销时间最长 40 天

下面介绍促销。促销方法有很多种，包括散发宣传单、邮寄信函广告等。不过，如果漫无目的地进行促销，那将很难收到明显的效果。开业一定时期后，自家店铺缺少什么样的顾客群应该已经显现得很清楚。建议大家明确促销目标，有针对性地开展促销活动，以期收到最好的效果。

顾客群大致可分为四类：

一、现在时常光顾的顾客。

二、从前曾经光顾，但因某种原因现已不再光顾的

顾客。

三、知道本店的存在，但从未光顾过的顾客。

四、对本店全然不知的顾客。

针对不同的目标，最有效的促销手段也各不相同。例如邮寄信函广告对第二个顾客群最为有效，抽奖等策划活动对第三个顾客群最为有效。具体促销方法将在本章下一节进行介绍，请大家根据自家店铺的实际情况与促销目的，寻找合适的促销方法。例如，如果希望增加顾客人数，究竟是应该招揽新顾客呢？还是应该提高固定顾客的来店频率？

促销活动中容易令人担心的是费用问题。大致说来，促销费用的最高限度为前面介绍的“目标销售额与实际销售额的差额”的一半。如果能够在人员轮换方面巧妙安排，在不增加人力费用的基础上完成目标销售额，那么从“目标销售额与实际销售额的差额”中扣除材料费、水电燃气费以及利润之后，余额部分即使全部用于促销，从财务角度而言也不存在任何问题。这就是“销售额差额”的一半左右。

反过来说，促销活动所实现的销售额至少要达到促销预算的2倍以上。促销预算应该按年度进行策划与实施。这个问题将在后面进行阐述。

但是，在实际促销过程中，有时人力费用根本不按自己想象的方向发展，并且促销效果原本就很难进行预测。从这个角度考虑，促销费用为“销售额差额”的10%～20%较为理想。

另外，人们常说“手头资金较少，无法举办像样的促销活动”。不过在我看来，这都是因为努力不够。例如，如果争取到啤酒厂家的赞助，对方就会以比平时低很多的进货价格，为店里提供促销活动专用的啤酒。

促销活动应该举办多长时间是一个令人困扰的问题。这方面没有精确的计算公式，大家通常可按照顾客的来店频率设定促销期间。如果是乌冬面店那种顾客来店频率较高的店铺，通常设定为几天到一周时间；如果是法国菜那种顾客来店频率较低的店铺，通常设定为1个月左右。

不过，促销期间最长也只能设定为40天左右。否则，如果促销时间设定得过长，无论顾客还是店员都会感到倦怠，促销活动也会收效甚微。

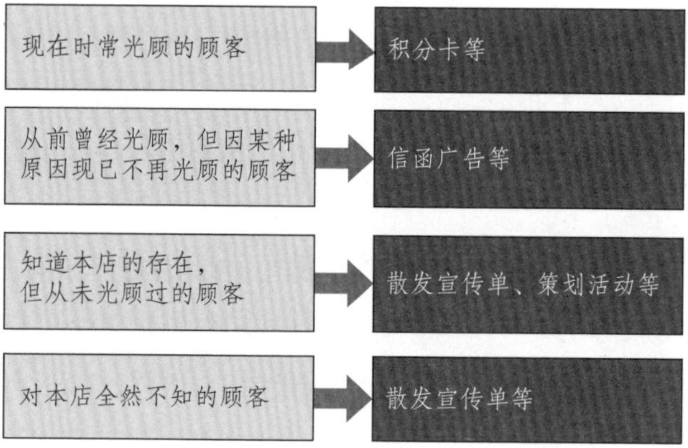

图22－1　明确促销对象，制定最适合的促销措施

第二节 促销的方法

——与不同业种进行联合，促销效果较好

下面介绍几个比较有效的促销方法。请大家按照前面所介绍的不同顾客群分别进行思考。

提高“现在时常光顾的顾客”的来店频率

方法一：积分卡

积分卡是餐饮店从前就很常用的一种促销方法，直至今天，这种方法依然具有较强的促销效果。不过，如果其形式与其他到处泛滥的积分卡没有任何区别，对于顾客而言就不具有吸引力。因此，建议大家在这方面稍微动动脑筋。

例如，大家可以配合季节菜谱的推出时机，开展在一定期间内收集印章的促销活动。只要顾客点购一份推荐菜品，店方就会在顾客的积分卡上加盖一枚印章。印章积攒到一定数量时，便可兑换促销活动结束之后使用的折扣券或赠品。

由于这种促销活动是有时间限制的，因此最好设定较高的折扣率，或者赠送较为值钱的赠品。对于短时间内集满印章的顾客，赠送的物品可以贵重一些；对于花费较长时间集满印章的顾客，赠送的物品可以便宜一些。 只要这样，才不会给店里带来较大的负担。

此外，对于集满几十个印章感到麻烦的顾客也为数不少。 对于这样的顾客，可以在其收集到 2 ~ 3 个印章之时就给予优惠。 例如，在具有 10 ~ 20 个印章空间的积分卡上，每隔一个印章填写一个优惠内容，如“一杯免费乌龙茶”等。 即使赠送的商品价格很低，但这样的积分卡也是相当具有吸引力的。

当然，如果一味考虑提高积分卡的魅力，结果导致促销费用超出了预算，那毫无疑问也是问题。 销售额的 5% 返还顾客，是积分卡不能逾越的规则，因此请大家在这个范围内对各种促销方案进行仔细斟酌。

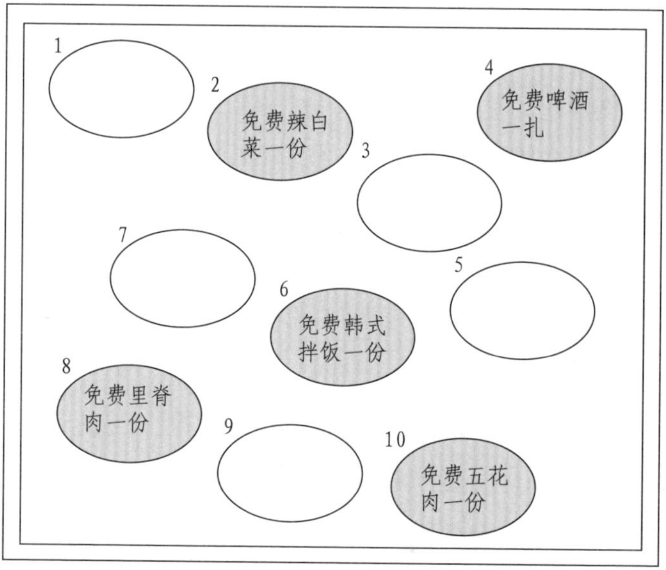

图 22－2　较少光顾的顾客也能获得优惠，提高积分卡的吸引力

方法二：与不同行业的店铺进行合作的积分卡

采用积分卡进行促销的并不只是餐饮店。书店、洗衣店、录像带租赁店等，各行各业的店铺都在使用积分卡。对于顾客而言，随身携带很多积分卡实在是很麻烦的一件事。

那么，我们何不尝试使用一种不同行业的店铺能够联合使用的积分卡呢？并且这种积分卡收集印章的速度较快，顾客一定会感到很具吸引力。

在目前这种经济不景气时期，对方店铺想必也会赞成这个提案。如果对方招揽顾客的能力很强，你非常希望与对方进行合作，那么你可以赠送给顾客相应的图书券或者洗衣券，所需费用由你负担。不过需要注意的是，如果对方店铺的顾客群不同于你的店铺，那么这种促销方式就可能收效甚微。

<table>
<tr><td rowspan="5">★洗衣每消费 200 日元盖一个章
★就餐每消费 500 日元盖一个章
★集齐 20 个章以后，可在“白色洗衣店”或“蓝色餐饮店”作为 500 日元的代金券使用。</td><td>开始
①</td><td>②</td><td>③</td><td>④</td><td>⑤</td></tr>
<tr><td>⑥</td><td>⑦</td><td>⑧</td><td>⑨</td><td>⑩</td></tr>
<tr><td>⑪</td><td>⑫</td><td>⑬</td><td>⑭</td><td>⑮</td></tr>
<tr><td>⑯</td><td>⑰</td><td>⑱</td><td>⑲</td><td>集齐
⑳</td></tr>
<tr><td colspan="3">白色洗衣店
杉并区○○○
电话：○○○○</td><td colspan="2">蓝色餐饮店
杉并区○○○
电话：○○○○</td></tr>
</table>

图 22－3　也可尝试与不同行业的店铺进行合作

设法让“从前曾经光顾，但因某种原因现已不再光顾的顾客”再次光顾

方法一：顾客生日期间的信函广告

曾经多次光顾的顾客现已很长时间不再光顾——产生这种情况的原因分为两个。其中一个原因只是单纯的遗忘。即使感到店铺具有一定的吸引力，但是只要该店不在自家或者公司附近，就不会再光顾。对于餐饮店而言，这种情况并不鲜见。因此，建议大家在顾客的生日来临之前，将信函广告邮寄给顾客。

这种促销方法本身并不新鲜，但是由于成本以及精力的原因，采用这种方法进行促销的餐馆其实很少。不过，除了全国规模的连锁店之外，这种促销方法的成本并不是很高。这种方法通常只需要店长或者店员勤快一些，在空闲时间填写一些明信片即可。使用电脑则更为简便。不言而喻，这种促销方法是以编有顾客名册为前提的。如果将优惠的有效期间设定为顾客生日当月的一整个月，那么顾客光顾的概率就会很大。

建议大家在顾客生日当天为该顾客准备专门的菜式。因为如果只是打折或者赠送一份菜肴，顾客也许就不会特意光顾。只有为顾客提供连锁店所无法提供的服务，才能将顾客锁定为固定客户。

方法二：在限定的时期内提供增量服务

顾客不再光顾还有另外一个原因，那就是顾客发现

了其他更有吸引力的店铺。这种情况下，大家可以试着在限定的时期内提供增量服务，例如加大菜量、追加一份赠送的菜肴等。不言而喻，这些增量服务一定要进行宣传，例如在店外张挂条幅。那些很长时间不再光顾的顾客如果是对菜量感到不满，在这种优惠期间可能会在店里出现。当然，查找出原因之后，就要在活动结束之时立即对菜谱进行调整。

设法让“知道本店的存在，但从未光顾过的顾客”光顾一次

方法一：针对家庭的促销活动

知道本店的存在，但从未光顾过——这个顾客群未曾光顾的原因或许在于店铺的外观。不过，我们没有必要对店铺的外观作出改变。这里介绍一下吸引顾客进门的方法。促销的关键在于孩子和主妇。

如果餐馆针对的是全家聚餐的顾客，那么建议举办面向幼儿的“填色图比赛”活动。大家首先准备一些幼儿喜欢的动漫卡通人物的填色图，提前几个星期进行派发，请顾客在家中涂好颜色后在店内张贴公布，然后评选出“美丽奖”、“朝气奖”等，分别赠与纪念品。填色图的派发、公布之时，顾客想必会在店里用餐。因此只要策划这种活动，很多家长就会考虑来店就餐。

这种促销方法的宣传对象与其说是“顾客”，倒不如说是家长。 至于填色图，只要请有绘画细胞的朋友代为绘制，然后进行复印即可。 这样也就不用担心费用的问题了。

方法二：赠送新鲜的食材

用折扣券进行促销的做法比较普遍，这里再介绍一个比较有趣的做法：用店里使用的食材作为纪念品赠送给大家。 具体做法是：事先准备好抽签用的彩签，上面分别书写“柠檬 1 个”、“圆葱 1 个”、“大米 1 袋”、“鱼子酱 1 罐”等，作为赠送给顾客的纪念品。 这些物品均为店里使用的食材，因此不但成本较低，而且能够吸引主妇们成为店里的新顾客。 如果与供货商进行协商，对方还很可能以低于平时的价格提供这些货品。

针对“对本店全然不知的顾客”，通过宣传本店的存在促成其来店就餐

方法一：散发宣传单

针对“对本店全然不知的顾客”，最基本且比较有效的宣传方法有：在车站前散发宣传单；在报纸中夹带宣传单进行分发等。 这些宣传所需的费用也不容小觑，不过我们可以设法降低宣传单的制作费用。

例如，我们可以联合附近的其他餐饮店一同制作宣传单。只要餐饮店不属于同一种经营形态，就不会形成顾客资源的相互争夺关系。另外，如果以刊载印刷公司的广告为条件，那么某些印刷公司甚至可能会提供免费的印刷服务。

方法二：委托顾客代为介绍新顾客

大家也可以请经常光顾的常客代为介绍新顾客。具体做法是将介绍卡片分发给经常光顾的客人，卡片上留有填写顾客姓名与介绍人姓名的空栏。然后根据回收的卡片数量赠送给介绍人一定的礼品。当然，分发给顾客的介绍卡片应该是某种优惠券。卡片的回收数量即使只有一张，也要给介绍人赠送礼品。

第三节　促销计划

——促销结果必须记录下来

为了有效推进各种促销活动，必须事先制定年度计划。如果只是临时抱佛脚，所举办的促销活动就只能是对之前活动的重复与模仿。再者，每到乔迁或入学季节，竞争对手也会举办促销活动，因此如果事先准备得不充分，那么所推出的促销活动就会平淡无奇。

针对竞争对手开展促销活动的要点

针对竞争对手开展促销活动时，首先要思考如下问题：对你的店铺而言，“竞争对手”究竟指什么？然后在此基础上，思考究竟哪些店铺是竞争对手，并用专有名词进行表达与限定。找不到这个限定的名词，就找不到竞争的方法。

接下来要做的是：对竞争对手的弱点与优势以及自家店铺的弱点与优势进行分析。所谓“知己知彼，百战不殆”，因此要制定正确的竞争策略，就必须详细了解竞争对手的相关信息。与此同时，要对你的店铺能做到什么以及不能做到什么进行冷静的分析。

只要了解到对方的弱点，就能够比较自然地找出竞争策略。例如，如果了解到对方的进货价格高于自己，就可以考虑用低于竞争对手的价格销售同种商品。竞争策略大致需要制定三种，每种策略均需能够战胜对手。

不过，考虑到受攻击的竞争对手将会进行反击，我们还应该制定相应的反攻策略。例如，双方如果在价格方面展开较量，竞争对手就会打出更低的价格。这种情况下如果缺乏准备，就有可能反而遭到对方的痛击。

从这种意义上来说，如果进行同样的促销活动，最好的策略不是高调地挑战对方，而是暗中利用顾客的口碑拉拢顾客，在对方不知不觉中大获全胜。

要想获得顾客的口碑，就必须在服务或商品等方面打出自己的特色，以便顾客向别人推荐你的店铺之时，能够具体介绍店铺的可圈可点之处。也就是说，扎扎实实地经营出自己的店铺特色至关重要。

毫无疑问，其他店铺也会将你的店铺视为竞争对手，向你发起挑战。这种时候，如果你的店铺具有自己的特色，能够让对方感到“那家店的商品无法模仿”、“那家店花了大本钱”、“那家店的服务难以复制”等，那么你的店铺就已经不战而胜了。

让竞争对手感觉“做不到”的关键在于：让对方意识到“要做到这一步需要花费非常多的时间”，或者“需要花费巨额费用”等。除了花费金钱的情况以外，这些都是无法在一朝一夕之间实现的。因此可以这样说：归根结底，还是在平日扎扎实实地修炼内功最为重要。

年度计划应该按季节进行考虑。因为店铺每年按照不同的季节，推出使用不同食材的时令菜谱，这时如果同时举办促销活动，将会收到更好的促销效果。因此建议大家不要只是孤立地考虑促销问题，而是要将促销计划与菜谱开发计划结合起来考虑。此外，如果能够将店内装饰的变换问题等一并结合起来考虑，就能具体想象出张贴什么样的促销海报等。

另外，建议大家在制定年度计划时，要同时确定促销活动的负责人。因为促销活动需要提前准备海报、赠品、积分卡等物品，要做好这些准备工作，还是明确责任人为好。此外，这些工作如果交给年轻的店员，或者临时工、小时工等去做，往往会产生令人惊喜的新颖创意。

建议大家对促销的结果也要进行记录。将促销结果（如优惠券的回收率等）与促销的具体内容等一起记录下来，能够为今后的促销问题提供重要的参考。

表 22－1 年度计划表

项目	销售额		地区内活动	强化商品	促销活动	教育培训	削减成本	问卷调查
方针			参加地区内所有的活动	一年推出四次季节菜谱	有计划地实施促销活动	对临时工、小时工等进行培训	重点削减能源费	在调查问卷中发现的问题要立即加以解决
负责人	前田店长		奥山	山田	中谷	大野	小寺	高野
1月	实际销售额	900万日元	新年 新年会	推出火锅菜谱 策划春季菜谱			取暖费比去年削减10%	关于火锅菜肴的问卷调查
	目标销售额	1 000万日元						
	差额	100万日元						
2月	实际销售额	800万日元		春季菜谱推出前的准备工作	春季菜谱的促销准备	春季菜谱的顾客接待与菜肴相关培训	取暖费比去年削减10%	关于顾客接待的问卷调查
	目标销售额	800万日元						
	差额	0万日元						
3月	实际销售额	1 000万日元	答谢会 送别会	开始使用春季菜谱				开始实施关于春季菜谱的问卷调查
	目标销售额	1 050万日元						
	差额	50万日元						

计算出实际销售额与目标的差额之后，该做的事情就变得很明确

推出春季菜谱之后，认真计划应该在何时、做何事

检查问卷调查中是否存在重复的内容

第三部分

目标——开设 2 号店

第二十三章

开店的时机

——以“贷款余额”作为开店的大致标准

1 号店步入正轨之后，终于迎来了着手准备开设 2 号店的时刻。

首先，2 号店应该在何时开设，想必是令大家感到苦恼的一个问题。毫无疑问，开设 2 号店的前提条件是销售额与利润必须得到充分的保障、继任店长的人选必须培养完毕。此外，1 号店的贷款金额与销售额的比例是否在一定的比例之下，利润率计划是否能够逐月完成（而非逐年完成）等，也是开设 2 号店的最低标准。

其次，令大家感到苦恼的是 2 号店的选址。由于 1 号店的成功所带来的自信，或许有人认为“在哪儿开店都能成功”。然而这种自满绝对要不得。因为场所改变之后，此前的经验很可能并不适用。

在此首先建议大家对 1 号店的地理位置条件进行评估。 大家或许感到很奇怪: “为什么这时候要评估 1 号店? ” 尽管令大家感到意外, 但是其实我们并没有完全掌握自家店铺的长处与短处。 例如你或许认为自家店铺生意红火是因为商品价格便宜, 但实际上原因并不仅限于此, 很多情况下, 生意红火与地理位置条件密切相关。 因此, 对 1 号店的地理条件进行再次评估, 然后根据评估结果对 2 号店的店铺用房进行甄别就显得尤为重要。

1 号店的地理位置条件不可能与 2 号店的地理位置条件完全相同。 建议大家根据地理条件, 在店铺的装修等方面作出一定程度的改变。

第一节　开店时机

——贷款余额低于年销售额的 50%

在考虑 2 号店的开店时机时, 销售额与利润必须得到充分的保障, 继任店长的人选必须已经培养完毕等前提条件毋庸赘言, 下面两点内容也应成为开设 2 号店的最低标准。 满足了这些标准, 2 号店的开设就暂时没有什么障碍了。

标准一: 1 号店的贷款余额

1 号店开店之初, 贷款金额至多为年销售额的 2/3。

开业的同时开始还贷，每过一段时间，贷款余额都会降低，当然也可能会出现中途追加贷款的情况。无论属于何种情况，当1号店的贷款余额降至年销售额的50%时，就可以考虑开设2号店了。

如果自认为资金便于筹措，而无视上述标准提前开店，那么一旦2号店的销售额低于预期，就可能发生资金链断裂的危险。

与此相反，为了安全起见，也有人认为应该待贷款余额降至年销售额的25%时再开设2号店。不过，如果你希望扩张店铺，就应该做好承担一定风险的心理准备。否则，与你相似的店铺就会抢先开设连锁店。另外，只要按照上述标准进行操作，那么随着店铺数量的增加，贷款额与所有店铺销售总额的比率就会缩小，开店的速度就会相应地变快。

标准二：1号店的利润率大致能够按计划逐月完成（而非逐年完成）

有这样一种店铺：极端情况下，某个月份出现亏损，但是从全年的角度来看表现为盈利。这种店绝对不能进行店铺扩张。

敏锐的经营者能够根据实际经营情况对经费作出微妙的调整。例如，竞争对手举办优惠活动期间，如果预计自家店铺的销售额将会下降，就会酌情减少食材的订购数量。如果不具备这种能力就开设新店，由于没有固定顾客，2 号店的销售额往往不稳定，其店铺经营迟早会陷入困境。

并且，2 号店开店之后，身为经营者的你在 2 号店逗留的时间通常会长一些。1 号店的具体经营工作将会交给新任店长，这种情况下最需要注意的就是经费问题。随着店长业务的日益熟练，经费管理可能会放松，于是很容易产生食材订购数量出现差错、水电燃气费用的浪费等问题。如果经营者无法在 2 号店创造利润，又对 1 号店疏于管理，那么两个店都有可能陷入经营困境。

另外，如果 2 号店的店员全部采用新录用的人员，其结果可能会令人担心。因此，也有人认为应该将 1 号店的员工培训程度作为开设新店的条件之一，以便将现有员工分配给 1 号店和 2 号店使用。

表 23－1　根据贷款余额判断开店的时机

贷款余额	判断	说　明
与年销售额相同	接近倒闭	金融机构不会再给予贷款。
年销售额的 75%	危机状态	除了贷款额正在顺利递减的情况以外。
年销售额的 50%	普通	条件是贷款额已经顺利递减到 50%。此时可以考虑开设 2 号店。
年销售额的 25%	安全	开设新店的条件十分充足。

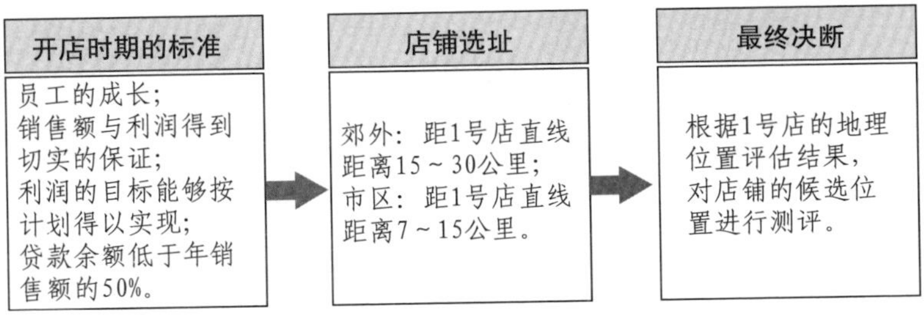

图 23－1　是否应该开设 2 号店的判断顺序

第二节　开店场所

——郊外选址应在 30 分钟车程内，出兑铺面要慎重

那么，到哪里去物色 2 号店铺面用房呢？

物色 2 号店铺面的原则是：1 号店与 2 号店的商圈不能重合。但是，如果两个店铺之间的距离太远，那么发生顾客投诉、厨房器械出现故障等问题时，身为店主的你将无法立即赶赴现场。并且食材的配送成本也会比较高。

尽管不同的经营形态之间存在着差异，但是一般而言，在郊外选址时，两店之间的距离通常为车程 15～30 分钟，直线距离 15～30 公里之内。如果在市内选址，建议两店之间的距离为上述郊外的一半左右。商圈较大时，两店之间的距离也可再远一些。不过通常而言，只要 2 号店的选址在上述范围之内，那么店铺的“远程管理”就不难掌握。

不过，上述原则终究只是原则，敢于在商圈重合之处开店的经营战略依然存在。 例如，东京某乌冬面店在车程仅 2 分钟的距离内开设了 2 号店，并且获得了成功。 原因是 1 号店客满之时，2 号店恰好能够接纳顾客，如此一来，该店与当地的结合更为紧密，更有利于该店向当地的顾客开展宣传。 这种开店思路也值得我们借鉴。 另外，大家也可考虑在道路的另外一侧开设 2 号店，因为道路往往会将商圈分割开来。 只是，这种例子应该作为一种特例进行考虑。

当然，很多经营者处于这样一种状态：他们希望按上述原则作出判断，但却无法正确把握自己的店铺所属的商圈。 尽管每个人都可以凭感觉分辨出自己所处的商圈，但是只有感觉是不够的。 建议大家利用派发积分卡、顾客调查问卷等机会，请顾客写下其住址，然后据此对自家店铺所处的商圈尽量作出正确的判断。

大家去房产中介公司时可能会注意到这样的情况：在经济不景气时期，出兑的店铺大量增加。 对于这种出兑的店铺，即使其地理位置条件很好，也应加以注意。尤其是以前在此开店店铺的经营形态与自家店铺相同时，就更需慎重对待。

出兑的商铺大部分是因为之前的店铺经营不善而发生倒闭。 如果再开设一家同种经营形态的店铺，顾客就可能产生误解，认为：“是不是那家店只是改了个名字？”如果是那样的话，即使菜谱内容不同，顾客也不认为这是另一家店铺。 前一家店“难吃”的恶名很难消除，要想实现销售额的增长就需要花费很大的力气。 因此，建议大家一定要向附近的人们进行咨询，确认一下之前的店铺是否是因为经营不善而撤走的。

另外，如果你准备租赁某个商厦内的铺面，那么告诉你一个洽谈租约的小窍门。这个窍门就是向商厦的主人介绍自己的1号店的生意红火程度，然后据此要求在保证金、租金等方面给予优惠。

你可以向商厦的主人展示销售额、利润等具体数字，或者邀请他到店里进行实际观察，然后与其进行如下协商：“我的生意如此红火，2号店也一定能够成功；我的店铺具有很强大的揽客能力，甚至有可能带动整个商厦的人气；因此希望在租金方面给予优惠。”这个洽谈方法十分有效。因此我在这里建议大家：即使你感觉商厦的主人所提议的租金水平较高，也不要立即退下阵来，最好还是洽谈一番试试看。

地理位置条件当然是越优越越好。但是正如前面所述，我们不推荐离1号店太远的位置。建议大家对1号店的地理位置条件进行评估，准确地把握其优缺点，以便为2号店的选址提供参考。要想有效活用此前的开店经验，最好选择在某种程度上较为相似的场所。

第三节　最终决断

——必须对1号店的地理位置进行评估

寻觅到2号店的候选店址后，必须对1号店的地理位置条件进行评估。如果可能的话，这项工作应该尽量在具体考虑开设新店之前完成。要从地理位置的角度对1号店生意兴隆的原因进行重新探讨，然后据此对2号店的候选店址作出最终的判断。

“为什么现在要对1号店的地理位置进行评估呢？”大家或许会感到奇怪。原因就是：对于自家店铺的真正优势，人们往往并不了解。

例如，某大众型餐馆的经营者认为，与竞争对手相比，较低的价格是其店铺生意兴隆的原因。然而实际上，这家餐馆生意兴隆的原因并不仅限于此。由于店前的道路经常拥堵，很多司机会乘休息之机顺便来店就餐。

1号店在开店之初想必也做过店址评估，然而那时候的评估原本就不是很清晰。1号店的附近有很多小规模的写字楼，开业时设定的目标顾客群原本是公司职员。然而实际经营中发现：原本设定的目标顾客很少光顾，来店就餐的顾客中，来自距离较远的住宅区的人反而居多。在店铺经营中，这种判断失误的情况颇为常见。

对于2号店来说，菜谱与服务可以原样照搬1号店，然而地理位置却无法照搬。只要地点发生了改变，地理位置条件就会或多或少地有所不同。假如意识不到这一点，就可能导致2号店的经营失败：明明是同样的店铺，2号店的销售额却无法达到预期目标。

由此可见，对于2号店的开设而言，对地理位置进行重新评估，将所得的数据与顾客群进行比较，从而彻底查明生意兴隆的原因是非常重要的。

表 23－2　地理位置评估表

对 1 号店与 2 号店的候选店址分别进行地理位置评估，并对其结果进行比较。建议首先在地图上标明 1 号店与 2 号店，然后再标明竞争店或对公共设施进行比较。除此之外，还有“行人通过量调查”以及小型汽车、商用车等不同车种的“车辆通过量调查”等。

商圈调查

商圈调查	1公里圈内	3公里圈内	5公里圈内	10公里圈内	来店可能性	评价
人口数量	500人	1 000人	2 000人	4 000人		5－4－3－2－1
评价					增加率2 %	5－4－3－2－1
家庭数量						5－4－3－2－1
评价					增加率 %	5－4－3－2－1
企业数量						5－4－3－2－1
评价					增加率 %	5－4－3－2－1
住宅楼数量						5－4－3－2－1
评价					增加率 %	5－4－3－2－1
银行数量						5－4－3－2－1
评价					增加率 %	5－4－3－2－1
小学数量						5－4－3－2－1
评价					增加率 %	5－4－3－2－1
中学数量						5－4－3－2－1
评价					增加率 %	5－4－3－2－1
其他学校数量						5－4－3－2－1
评价					增加率 %	5－4－3－2－1
公共设施数量						5－4－3－2－1
评价					增加率 %	5－4－3－2－1
轨道车站数量						5－4－3－2－1
评价					增加率 %	5－4－3－2－1
餐饮店数量						5－4－3－2－1
评价					增加率 %	5－4－3－2－1
购物中心数量						5－4－3－2－1
评价					增加率 %	5－4－3－2－1
观光名胜数量						5－4－3－2－1
评价					增加率 %	5－4－3－2－1
高尔夫球场数量						5－4－3－2－1
评价					增加率 %	5－4－3－2－1

数据可从市政府处获得。在地图上确认位置的同时，作出最终评价。

（续表）

店名		经营形态	
店铺规模	坪　席/停车场　车位	顾客人均消费	日元
营业时间		利用目的	
预计月销售额	万日元	顾客群	
竞争度	A（相当冲突）　B（冲突）		D（几乎不冲突）　E（不冲突）

	确认（认为条件优越之处）		与自家店的比较与评价（用○圈定胜负）	
地理位置	店前通行量/ 交通便利程度/引人注目程度		胜 平 负	
店铺装修	外观/照明/ 内装修/ 就座的感觉/背景音乐		胜 平 负	
商品	味道/ 量/ 装盘的美观程度/价格/ 菜谱构成		胜 平 负	
服务	迎宾 / 领位 / 点餐 / 上菜		胜 平 负	
店员	态度 / 礼仪举止 / 语言		胜 平 负	
促销	限定期间的菜谱 / 积分卡 / 优惠券 /		胜 平 负	

综合评价		如果自己是顾客 会再次光顾 不会再次光顾
自家店的对策		

从各种角度为竞争对手打分。
对各个评价的平均值作出综合评价。

（续表）

	状况说明	评　价
附近的生活道路	由于此路通向购物中心，因此白天车也很多。	
	本店门前也被当作近道使用。	
汽车的速度 40公里/小时	到当地时间　车程2分钟	5-4-3-2-1
附近的产业道路		
汽车的速度 40公里/小时	到当地时间　分钟	5-4-3-2-1
附近的通勤道路		
汽车的速度 40公里/小时	到当地时间　分钟	5-4-3-2-1
附近的铁道线路		
	到当地时间　分钟	5-4-3-2-1
附近的河流		
	到当地时间　分钟	5-4-3-2-1
将来的计划 ●道路 ●河流 ●铁道 ●其他		5-4-3-2-1
		5-4-3-2-1
		5-4-3-2-1
		5-4-3-2-1
		5-4-3-2-1
		5-4-3-2-1
		5-4-3-2-1
		5-4-3-2-1

不仅要确认汽车数量，而且还要确认车速。速度不同可导致店铺的识别力发生变化。

根据地理位置评估结果对 2 号店的销售额作出预测

在对 1 号店的地理位置进行评估时，可以使用表 23－2 所示的调查表。寻找到 2 号店的候选店址后，要对该店址进行同样的地理位置评估。然后，对 1 号店与 2 号店的评估结果进行比较，对 2 号店的销售额作出预测。如果预测的结果达不到销售额所需的最低限度，就要重新选址。尽管操作起来有些麻烦，但是只有做到如此，选择出的店址才会正确无误。

如果找不到与 1 号店地理位置相同的店铺，自然无须赘言。但是，如果幸运地找到了与 1 号店地理位置相近的店铺，并将其打造成完全相同的样子，那么这个店铺就一定能像 1 号店一般生意兴隆吗？回答是否定的。

这里列举一个真实的事例：位于市区的某西餐店在郊外开设了 2 号店。1 号店的顾客以 30 岁以上的人群为主。2 号店在没有进行地理位置评估的情况下，将 1 号店的内外装修与菜谱进行了原样复制。然而开业之后才发现，2 号店的顾客多半来自附近小区的年轻家庭。于是这家店匆忙添置儿童椅与儿童菜谱来应对这一局面。

幸运的是，这个店先期判断的失误在开业之后也能弥补。但是，如果是单独来店的顾客多于预期，为此必须设置专供单人顾客就座的吧台呢？那就必须花费大量的装修费用，并且开店之后也很难对装修作出改动。

另外，如前所述，即使是相似的地理位置条件，也一定存在着差异，因此新店的细节之处必须有所改变。

例如将宣传条幅的位置调高，将午餐时间提前一些等。

为了保证万无一失，建议大家对 1 号店与 2 号店的地理位置条件进行细致的调查，然后思考应该对店铺的哪个部分作出怎样的改变。

也可考虑开设不同经营形态的店铺

尽管在店铺的打造方面多少要加入一些变化，但是此前我们讲述的内容都是以开设与 1 号店相同经营形态的 2 号店为前提。 下面我们讲述一下关于开设不同经营形态的店铺问题。 通常大家考虑的是将 1 号店的成功经验加以复制，但是店铺经营中还有这样一种战略，那就是在较为狭小的区域内开设不同经营形态的店铺，尽量将区域内的顾客招揽至自己的店内。

不过，这并不意味着可以选择任何一种经营形态，而是应该选择使用的食材相通、服务水平相近的经营形态。 举例说来，如果 1 号店是烤肉店，那么 2 号店就可以考虑牛排店；如果是寿司店，那么就可以考虑顾客人均消费水平较高的生鱼片居酒屋；如果是咖啡店，那就可以考虑开设意大利面专营店等。

如果两个店所使用的主要食材大致相同，就可以削减食材的成本。 在菜肴的制作方面，虽然 2 号店与 1 号店有所不同，但是只要聘用专门的厨师就能设法应对。服务方面则需要相应的专业人才。 否则，站在指导员工的立场上，如果管理者不具有相应的服务经验，就可能导致服务水平低下，以至于经营失败。

第二十四章

迈向下一个阶段

——从比较中探索“成功法则”

2 号店的准备工作已经就绪，下面我们向多店铺发展方向迈进吧。

在人员配备以及促销等方面，两个店铺之间应该相互配合。例如，2 号店的店员构成中，来自 1 号店的店员与新录用的店员可各占一半；2 号店开业之时，1 号店可趁机进行优惠促销等。

另外，在开会这个问题上，如果让 1 号店的店员列席 2 号店的会议，并请他们指出存在的问题，将会增强 1 号店店员的自豪感。不仅如此，如果再为 2 号店的店员提供一个指出 1 号店的问题的平台，将有利于两个店铺之间互相切磋技艺。

在经营数据方面，对 1 号店与 2 号店的经营数据进行比较就会发现：与单独一个店的时期相比，两店进行比较更容易发现哪个部位存在哪些问题。

通过进行这样的比较与检验，你就能够探索出店铺的“成功法则”。再充分利用此前所学的店铺完善技巧，就一定能够将 2 号店经营成功，并迈入下一个阶段。

第一节　开店准备

——在新店中配备半数 1 号店出身的店员

2 号店人员构成的理想比例是：来自 1 号店的店员与新录用的店员各占一半。从 2 号店的顺利开设以及 1 号店的正常运营方面考虑，这个比例的平衡非常重要。可能的话，即使将 2 号店的正式员工、临时工、小时工等分开来看，新旧人员也最好各占一半。但在某些情况下，部分临时工、小时工等可能会感到 2 号店通勤不便，因此这些人员的构成未必一定要拘泥于这一比例的限制。

新人的教育培训由店主直接负责并没有什么不妥，但从店铺的进一步扩张方面考虑，莫不如乘开设 2 号店的这一时机，将新人培训工作完全交给现有的店员。对任意一个连锁店进行观察都会发现：当初在 1 号店工作的店员，后来都在店铺的扩张中发挥了重要的作用。为了从现在开始培养这样的助手，建议大家逐渐缩小店主的工作范围。

在店员的管理方面需要提醒大家注意的是：两个店铺之间，临时工或小时工的时薪可能会有所不同。如果2号店距离1号店较远，那么建议大家事先查阅打工信息杂志，确认临时工的时薪行情。如果按照与1号店相同的时薪进行招聘，那么很可能会出现无人应聘的局面。

假如将2号店的时薪设定在高于1号店的水平，那么可以想见，1号店的店员将会感到不满。为了避免这种情况，就需要稍微动动脑筋，比如将时薪设定在同等水平，然后给2号店的店员支付“地区补贴”。当然，这不过是小计谋而已。地区内人气很高或者一流水平的店铺，无论薪水高低，通常都是应聘的人员不断。为打造成功店铺而付出的努力，能够解决薪水差距的问题。

另外，随着开店日期的临近，店主与资深员工想必会将精力完全投入2号店。这时需要注意的是，1号店的店员可能会突然失去紧张感。不遵守规定、不认真做菜、店铺疏于打扫等现象很容易在这时发生。事实上，“刚刚开设2号店，1号店的业绩就大幅下降。”——这样的事情的确时有发生。

因此，这里建议大家即使不去1号店里，也要每天打3次左右的电话。在询问1号店情况的同时，顺便介绍一下2号店的进展状况。即使只是在电话里交谈，店员也会产生紧张感，认为“店长始终在关注1号店”。

将两个店铺的休息日设定在不同的日子

2号店的营业时间或休息日即使与1号店不同也没有关系，大家可以结合地理位置条件灵活设定休息日。例如，位于郊外的1号店将平日设定为休息日，但是2号店位于商业街上，那就可以将星期日设定为休息日。另外，在2号店与1号店距离较近的情况下，也有人刻意将两个店的休息日设定在不同的日子。这样做的目的在于留住特意来店的顾客，以便“1号店休息时，就去2号店”。

2号店开店之际，大家可以重新考虑食材成本的问题。如果两个店的菜谱构成相同，理论上食材的订购数量应该达到从前的2倍。这是一个降低采购价格的好机会，大家一定要把握这个机会与供货商进行价格谈判。不仅如此，2号店的开设还能提高金融机构对店铺的信任程度，此前拒绝提供贷款的银行也有可能改变态度，因此，必要时可向银行再次提起申请贷款事宜。

容易出现失误的是印刷品相关事宜。餐饮店需要制作很多印刷品，例如宣传单、名片、点餐单、日报、餐巾纸、筷子封袋、信封、收据等。这些印刷品上，必须分别印刷两个店铺的地址与联络方式。但是，明明2号店已经开业，名片上却只印有1号店的地址——这种令人感到脸红的失误会经常出现，因此大家一定要注意避免这个问题。

为了防止出现这种失误，避免经费的浪费，大家在开始考虑开设 2 号店时，就要尽量订购最小批量的印刷品。

两个店铺同时开展促销活动较为有效

随着开业的临近，我们必须开始考虑如何开展 2 号店的宣传活动。很多店铺只是在 2 号店开业的 2～3 日之前用报纸夹带的方式派发宣传单，真是令人惋惜不已。1 号店开业之时，由于担心店铺的运营出现问题，某些店铺放弃宣传而选择了“沉默开业”。但是，与 1 号店开业时相比，2 号店不但目标顾客群明确，而且对于更有吸引力的宣传单的制作方式也已熟知，因此应该选择大张旗鼓的宣传方式。

宣传时期以开业前一个月开始为宜。当然这时开始散发宣传单有些为时尚早，这时应该做的是：在 1 号店举办 2 号店的开业预告促销活动。大家可以在店内张贴海报，告知顾客 2 号店即将开业。如果两个店之间距离较近，派发只限 2 号店使用的优惠券不失为一种有效的宣传方式。

终于，距离开业只剩下两三天了。这时大家可以直接，或者用报纸夹带的方式派发附有优惠券的宣传单，在比较广泛的顾客范围内进行促销宣传。另外，除了2号店进行开业促销之外，1号店也可乘机举办促销活动，提高促销效果。因为如果优惠券在1号店也能使用，就可能出现叠加效应。这样做不但能够提高销售额，而且能够鼓舞1号店的员工士气。

第二节　运营方法

——两店召开会议的次数应该相同

开设两个店铺之后，员工会议的召集方式也需作出改变。只有一个店铺时，你的想法与决定事项想必能够顺利地传达给所有员工，但是开设两个店铺之后，将这些事项传达到临时工、小时工等每位员工就变得困难了许多。

店铺数量少的时候，建议大家开会时尽量将两店的员工集中到某个店铺。如果因为距离太远等原因，很难将所有的员工集中到一个场所时，建议在各自的店铺分别召开同样次数的会议。虽然只是一件小事，但是如果某个店铺召集的会议次数多一些，员工中就可能有人产生“老板偏向那个店”的想法。

另外，一般而言，2号店的内外装修通常比1号店更加时尚美观，地板、厨房等的设计与环境更有利于店员开展工作。因此1号店的员工有时会产生某种被淘汰的感觉，从而失去工作的热情。如果在员工会议中发现这种征兆，就要考虑为 1 号店冠以“总店”的称号，以此保护员工的自尊心。

邀请 1 号店的员工参加 2 号店的会议，并请其指出 2 号店存在的问题——这种做法对于保护员工的自尊心也很有效。不仅如此，在打造更好的店铺方面，这种做法也具有非常重要的意义。与此同时，建议大家给 2 号店的员工也提供一个指出 1 号店的问题的场所，为两个店的员工提供互相切磋的机会。

在经营数据方面，2 号店开设以后需要采集更为详细的数据。只要对菜谱以及顾客阶层等进行详细的分析，并将两个店的数据进行比较，就能够发现哪个部位存在哪些问题。能够进行这样的比较与检验，正是店铺扩张之后形成的优势。对多个店铺的结果进行比较，能够比较深入地探索出店铺的“成功法则”。

表 24－1　开设 2 号店的注意事项

人员配置是否合适？	→	现有员工与新录用员工各配置一半。
2 号店的时薪行情与 1 号店是否相同？	→	如果不同，则需考虑 1 号店员工的感受。
1 号店的运营没有问题吗？	→	频繁与 1 号店进行电话联系。
食材的价格交涉怎么样？	→	随着采购量的增加，进行要求降低价格的谈判。
印刷品更换为新的了吗？	→	开店之日起，更换为印有 2 号店联系方式的印刷品。
你考虑促销宣传了吗？	→	利用 1 号店的资源，自 1 个月前开始宣传。
你的指示传达给所有员工了吗？	→	开设两个店之后，指示将难以传达。建议大家在开会方面动动脑筋。
你做好计量管理了吗？	→	要想开设多个店铺，就必须运用计量管理，对两个店进行比较与检验。

第三节　开展连锁经营

——将前 5 个店当作实验

如果想开展多店铺经营，就要在 2 号店步入正轨之后，认真思考建立总部的问题。

总部可设置在店铺的 2 层，甚至也可设置在店主的家中。 如果你认为财会等事务交给专人管理要好一些，那么也可聘用新的职员担任总部人员。 即使空间再小，只要具备了形式，你就会逐渐了解总部所发挥的作用。

另外，本书前面曾经建议：即使店铺数量只有 1 家时，也应该在损益计算表中列出总部费用。 然而在实际制作损益计算表时，或许很多人并没有遵守这一点。 但是，店铺数量达到 2 家之后，即使没有设置总部，也一定要列出总部费用一项。

这一时期如果不认真列出总部费用，就无法判断能否真正实施店铺扩张战略。 如果在没有总部费用意识的情况下迅速进行店铺扩张，那么店铺数量较少时原本能够顺利实现的收益结构就可能瓦解。

另外，性急的人这时或许会考虑建立中央厨房（或称“配餐配送中心”）。 不过，一般认为：要想让中央厨房发挥出应有的作用，店铺数量至少要达到 5 个，年销售额应该在 5 亿日元以上。 即使满足了这些条件，也要在建立中央厨房之前，对下列问题作出判断：各店共同的业务能否转移至中央厨房？ 与每个店铺分别进行操作相比，集中操作是否高效？

具体说来，中央厨房建立后，各个店铺的人力费用究竟能够转移多少？ 这个问题还是计算一下为好。 在此过程中，我们必须找出中央厨房的绝对优势，诸如：所有店铺各出 1 个人花费 1 小时所做的工作，在中央厨房只需 1 个人花费 1 小时就能完成之类的。 之所以必须找出这种绝对优势，是因为中央厨房建立后，尽管具有统一采购的优势，但却增加了配送这一新环节。

下面介绍一下 3 号店乃至更多店铺的开店方法。 如果开设同种业态的店铺，建议大家将开店相关的业务尽量交给已有的店铺去做。 地理位置调查工作应该由身为店主的你，或者总部人员来完成，但是新店选址确定之后，最好将员工的录用、培训、促销、运营指导等工作交给已有店铺的店长，或者资深员工去做。 因为这样能够提高他们的能力与士气。

我们经常看到一些连锁企业的店长对店铺扩张表现得毫无兴趣，认为“那是总部的事情”。 这样下去，该连锁店的前景不容乐观。 对这样的店长而言，令其担负起开设新店的任务或许是最好的培训方法。

具体说来，3 号店的开设工作可由 1 号店与 2 号店共同承担；4 号店由 1 号店与 3 号店共同承担；5 号店由 2 号店与 3 号店共同承担等。 这种将新店开设工作交给已有店铺的模式较为理想。

另外，有的经营者在前两家店铺步入正轨之后，便想开展特许加盟经营。这种做法是很危险的。因为两家店的成功毕竟只能视为个案，而不能视为连锁店的成功。只有在尝试过各种地理位置的经营，收集相关的数据，确立了店铺经营的技巧与规则之后，才能开展特许加盟经营。至于初期开设的5家店铺，建议大家还是将其当作实验为好。

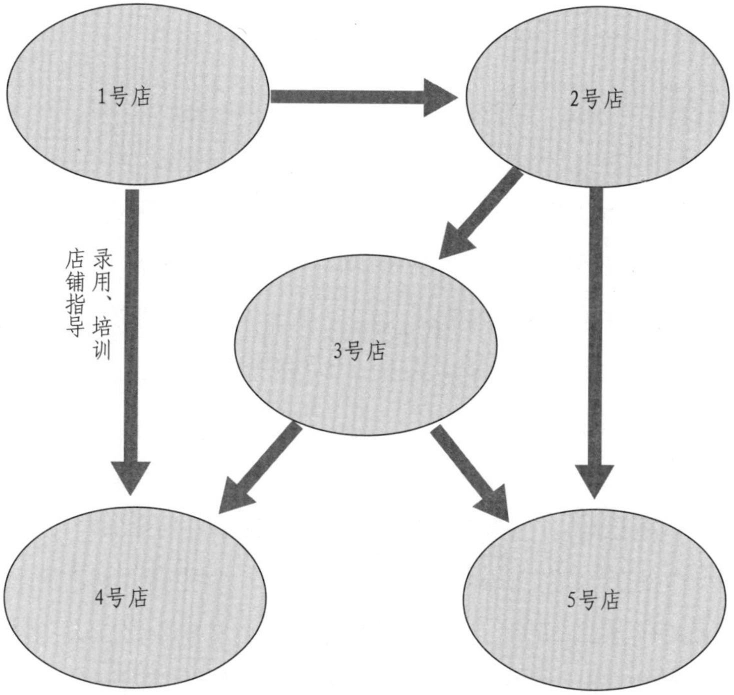

图24－1　将新店的店员录用与培训工作交给既有店铺，能够增强既有店铺的实力

后记

本书正文记述的内容相当严肃，但实际上，经营餐饮店是一种非常快乐、非常美好的职业。我从学生时代便开始在餐饮店打工，在充满乐趣的工作中，我甚至为还要去学校上学而感到遗憾。我非常喜欢餐饮业。后来之所以成为一名咨询人员，大概也是为了游说更多的人从事这项工作。

不久前，我曾经和一个从事大型水库建设的人士进行过一番谈话。那个人说他“非常痛恨餐饮业”。这是因为他的工作如果讲得夸张一些，一生能否完成一件作品尚且不得而知，运气好也不过只有一件作品。然而与此相对的是，餐饮业每天都能完成几百个作品（菜肴）。并且他还说，与餐饮业不同的是，水库建成之后也看不到顾客（使用者）欢喜的笑脸。 水库建设与餐饮业其实不可相提并论，但是这个人的话让我重新感受到了几近忘却的从事餐饮业的快乐之情。

从事餐饮业有两个乐趣：一个是“制作”；另一个是“销售”。 菜肴可以无限开发，此为乐趣之一；好的销售方式能够提高销售额，此为乐趣之二。

并且，从事餐饮业还有一个快乐之处，那就是能够马上看到结果。 人类在享受美食或是心满意足的时候，总是会流露出很愉悦的表情。 如果在自己的店里，在顾客用餐的有限时间内，能够看到顾客的这种表情，那么自己也会感到很快乐。

另外，餐饮业经营的是食品，因此必须在防止食物中毒等方面倍加注意。 这种紧张感也是一种快乐。 如同没有规则的体育运动，没有约束的事物是让人体验不到快乐的。

再者，如果发展顺利，餐饮业也能实现“日本梦”。 餐饮业被称为“food service”（食品服务业）30余年，还是个很年轻的行业。 我在本书中也做过尝试，但是至今还没有总结出完整的成功法则。 如果你能用自己的思想与信念总结出新的法则，就一定能够实现巨大的梦想。

我在正文中写道：餐饮店今后必须从“享受美食”向“享受整个就餐过程”方向转变。 也就是说，餐饮店为顾客提供的并不仅仅是美食。 它为顾客提供美食原本就是一项很难的技术，今后还必须学会同时提供“整个就餐过程的享受”。 这不是一件简单的事情。 但是，正因为不简单，所以这个职业才称得上快乐。

体育运动也是如此。 与铜牌相比，人们更期待银牌；与银牌相比，人们更期待金牌；再进一步，人们便会挑战最高纪录。 挑战的乐趣以及挑战成功时的喜悦，是任何事物都难以取代的。 并且，这种挑战的难度越高，所获得的喜悦感就越强烈。

餐饮店与体育运动又是不同的。 体育运动的金牌只有一枚，但是餐饮店却不是这样。 只要努力，任何人都有可能平等地获得餐饮店的金牌，并且可以是很多枚。事实上，无论经济景气还是萧条，任何时代都有熠熠生辉的金牌级餐饮店存在。

让我们朝着下一个金牌目标，迈进这个美好且充满乐趣的行业——餐饮业吧。

吉田文和

二〇〇五年七月